Hasan Hasanović

Srebrenica überleben

Hasan Hasanović

Srebrenica überleben

Aus dem Englischen von Filip Radunović

Mit einem Vorwort von Keno Verseck

WALLSTEIN VERLAG

Inhalt

Vorwort von Keno Verseck 7

Den Genozid von Srebrenica überleben 17

Kapitel 1
Glückliche Zeiten vor dem Krieg 19

Kapitel 2
Vorbereitungen auf den Krieg 29

Kapitel 3
Der Kriegsausbruch und Umzug nach Srebrenica 33

Kapitel 4
Das Leben in Srebrenica 38

Kapitel 5
Das Leid geht weiter 44

Kapitel 6
Die Ankunft der Vereinten Nationen 52

Kapitel 7
Das Leben unter UN-Schutz 59

Kapitel 8
Der Fall Srebrenicas 70

Kapitel 9
Der Todesmarsch 73

Kapitel 10
Freiheit 79

Kapitel 11
Das Leben als Flüchtling geht weiter 85

Kapitel 12
Das Daytoner Friedensabkommen von 1995 . . . 88

Kapitel 13
Die Rückkehr nach Srebrenica 96

Kapitel 14
Und sie behaupten, es wäre nie passiert 100

Vorwort von Keno Verseck

Es gibt nicht viele Orte, deren Namen im kollektiven Gedächtnis Europas ihre geographische Dimension vollkommen verloren haben und die zu einem Synonym für unbegreifliche Verbrechen gegen die Menschlichkeit geworden sind. Da wäre vor allem und als erstes Auschwitz zu nennen. Ebenso wären die Namen weiterer deutscher Vernichtungs- und Konzentrationslager zu nennen. Aber auch Namen wie Katyn und Workuta gehören dazu.

Und da ist Srebrenica.

Der Name des ostbosnischen Städtchens steht im Bewusstsein der europäischen Öffentlichkeit für die Schrecken der Jugoslawien-Kriege in den 1990er Jahren und für eines der schlimmsten Massaker an Zivilisten seit dem Ende des Zweiten Weltkrieges: Im Juli 1995 ermordeten Soldaten der bosnisch-serbischen Armee und serbische Milizionäre in der Gegend um Srebrenica binnen weniger Tage mehr als 8.000 wehrlose bosniakische Jungen und Männer.

In scharfem Kontrast zur Bekanntheit des Namens Srebrenica steht jedoch, dass im europäischen Mehrheitsbewusstsein erschreckend wenig Konkretes bekannt ist über den Hergang des Verbrechens, über seine Hintergründe und seine wahre Dimension. Obwohl Srebrenica nicht einmal eine Generation her ist, zählt es in gewisser Weise zu den schon halb vergessenen Menschheitsverbrechen. In Europa wollte und will man überwiegend nicht wahrhaben, dass in Srebrenica ein Völkermord stattfand. Dass dort Menschen aus einem einzigen Grund ermordet wurden: Weil sie – erkennbar nur an ihren Namen – zur bosniakischen und damit zur muslimischen Volksgruppe des multiethnischen und multikonfessionellen Staates Bosnien und Herzegowina gehörten. Man wollte und will auch nicht wahrhaben, dass es ein Genozid war, der stattfand vor den sehenden Augen und unter mindestens ahnendem Mitwissen der internationalen Gemeinschaft. Jener Gemeinschaft, die damals in und um den Ort eine »UN-Schutzzone« für Kriegsflüchtlinge ausgerufen hatte.

Hasan Hasanović, ein Junge aus einem abgelegenen Dorf südlich von Srebrenica, das heute nicht mehr existiert, überlebte diesen Völkermord als 19-Jähriger. Er war Teil jener Kolonne von schätzungsweise 15.000 Jungen und Männern, die sich am 11. Juli 1995 auf den sechstägigen »Todesmarsch von Srebrenica« begaben – einen Marsch, der zu einer erbarmungslosen Menschenjagd wurde und den die meisten nicht überlebten.

Es hat viele Jahre gedauert, bis Hasan Hasanović den Bericht seines Überlebens aufschreiben konnte. Sein Buch »Srebrenica überleben« ist ein eher knappes, streckenweise fast protokollarisches Zeugnis vom Leben, Überleben und Sterben in Srebrenica. Die Geschichte eines Jungen und Jugendlichen, der im Geist eines friedlichen Miteinanders aufwächst und sich plötzlich in einem Krieg wiederfindet, in dem Menschen Nachbarn bestialisch ermorden und abschlachten, zu denen sie kurz vorher noch ein freundschaftliches Verhältnis gepflegt hatten. Eine Geschichte, geschrieben in einfachen und unprätentiösen Worten. So einfach, dass man manchmal erschüttert und versteinert innehalten muss beim Lesen.

»Die Erfahrungen des Überlebens«, schreibt Hasan Hasanović, »verfolgen mich jeden Tag, vom Moment des Aufwachens bis ich wieder schlafen gehe. Ich werde sie einfach nicht los. Das Schlimmste ist der Schmerz, wenn ich darüber nachdenke, wie mein Bruder Husein und mein Vater Aziz umgebracht wurden: Wurden sie gefoltert, wie lange hat es gedauert, bis sie schließlich tot waren? Dieser Schmerz ist kaum zu ertragen.«

Im europäischen Mehrheitsbewusstsein sind die Jugoslawien-Kriege heute vage als Bürgerkriege mit kompliziertem, schwer verständlichen Hintergrund präsent, als blutiger, aber undurchschaubarer Streit zwischen verfeindeten Volksgruppen und ihren politischen Führungen. Das ist ein Irrtum.

In den Jugoslawien-Kriegen, die nahezu ausnahmslos vom Regime des Diktators Slobodan Milošević und seinen Verbündeten initiiert und entfesselt wurden, ging es für Serbien (teil- und zeitweise auch für Kroatien) letztlich um die Schaffung eines zusammenhängenden und ethnisch homogenen Raumes, eines Groß-Serbiens, weit über seine damaligen Grenzen hinaus, bis tief in bosnisches und kroatisches Staatsgebiet. Die Bedingung dafür und die Konsequenz aus diesem Vorhaben waren systematische ethnische Säuberungen in multiethnisch besiedelten Gebieten, von denen hauptsächlich die bosniakische Volksgruppe in Bosnien und Herzegowina betroffen war. Auf dem Höhepunkt und zugleich in der Endphase dieser blutigen Säuberungspolitik wurde das Verbrechen von Srebrenica begangen.

Es war nicht einfach das Massaker, als das es im europäischen Mehrheitsdenken präsent ist und so wie es im Titel von Wikipedia-Artikeln in nahezu allen Sprachen steht (Ausnahmen sind der albanische, bosnische und kroatische Eintrag). In Srebrenica, das muss noch einmal betont werden, wurde ein Völkermord verübt. Dokumente und Forschungen dazu belegen, dass der Genozid lange und sorgsam vorbereitet wurde. Im Gegensatz zu allen anderen ethnischen Säuberungsaktionen in Bosnien und Herzegowina in den Jahren 1992 bis 1995 wurde dieses Verbrechen vom Internationalen Strafgerichtshof für das ehemalige Jugoslawien (ICTY) juristisch als Völkermord eingestuft. Zweifellos hat keine andere ethnische Säuberungsaktion in dieser Zeit die Dimension von Srebrenica erreicht. Dennoch ordnen viele Experten auch alle anderen derartigen Verbrechen der bosnisch-serbischen Armee und serbischer Milizen in den Jahren 1992 bis 1995 einem geplanten Völkermord zu.

Bei dem Gedanken an Srebrencia ist diese Dimension des Verbrechens dem größten Teil der europäischen Öffentlichkeit bislang nicht nur nicht bewusst. Srebrenica gehört in einigen Teilen Europas heute auch zu den am meisten verleugneten und relativierten Menschheitsverbrechen. In Serbien und der Republika Srpska, dem serbischen Landesteil des Staates Bosnien und Herzegowina, wird die Völkermordabsicht von Srebrenica von den Staatsführungen geleugnet und das Verbrechen stark heruntergespielt.

In der moderaten Leugnungsvariante sprechen serbische Politiker davon, dass es in Srebrenica zwar Verbrechen, aber keinen Völkermord gegeben habe. Sie ziehen die Zahl der Opfer und den Hergang des Verbrechens stark in Zweifel; so etwa behaupten sie, dass viele oder sogar die meisten Opfer in Kampfhandlungen zwischen bosniakischen und bosnisch-serbischen Armeeeinheiten fielen. Zudem wird den bosniakischen Opfern in Srebrenica ein vermeintlicher Völker- oder Massenmord an den Serben gegenübergestellt. Die radikaleren Leugner bestreiten den Völkermord von Srebrenica absurderweise einerseits vollständig und sehen ihn als bosnische und ausländische Inszenierung, andererseits feiern und verherrlichen sie ihn oder gebrauchen den Namen Srebrenica als Drohparole.

Die Mehrheit der Serben in Serbien, Bosnien und Herzegowina, aber auch anderswo, weiß wenig oder gar nichts über Srebrenica. An Schulen und anderen Bildungseinrichtungen in Serbien und der Republika Srpska wird entweder nichts oder nur die offizielle Leugnungsvariante gelehrt. In den meisten serbischen Medien, nicht nur offiziösen, sondern auch unabhängigen, werden zu Srebrenica keine oder nur falsche Darstellungen publiziert. Häufig sieht man in Serbien oder der Republika Srpska Bilder, Inschriften oder Gedenktafeln, die Kriegsverbrecher und Völkermord-Architekten wie den ehemaligen bosnischen Serbenführer Radovan Karadžić oder den General Ratko Mladić als Helden feiern.

In Serbien steht die Leugnung oder Relativierung des Völkermordes von Srebrenica nicht unter Strafe. Mehr noch: Die Verfolgung ehemaliger Kriegsverbrecher durch die einheimische Justiz wird systematisch verschleppt, vom Jugoslawien-Tribunal ICTY verurteilte Kriegsverbrecher haben politische oder öffentliche Ämter inne. In Bosnien und Herzegowina dagegen gibt es zwar seit 2021 ein Gesetz, das die Leugnung des Völkermordes von Srebrenica und die Verherrlichung von Kriegsverbrechen während des Bosnien-Krieges unter Strafe stellt. Umgesetzt wird es jedoch zumindest im Landesteil Republika Srpska nicht. Obwohl beide Länder, Serbien und Bosnien und Herzegowina, EU-Mitglieder werden wollen und Serbien seit 2012 ein offizielles EU-Kandidatenland ist, führt die dortige systematische Leugnung des Völkermordes von Srebrenica nirgendwo in Europa zu einem Aufschrei, weder in der Öffentlichkeit noch in der Politik.

Ostbosnien ist ein schöner, pittoresker Landstrich. Doch kein aufmerksamer Zeitgenosse könnte dort einen Urlaub verbringen oder auch nur Stunden der Ruhe und Entspannung inmitten der bergigen und waldreichen Natur genießen. Denn es ist ein nahezu überall blutgetränkter Landstrich.

Allenthalben stehen noch Ruinen, zerschossene Häuser oder Reste zerstörter Moscheen. In vielen Dörfern erinnern

Heldendenkmäler an die Soldaten einer bosnisch-serbischen Armee, die für systematische Kriegsverbrechen verantwortlich ist. Oft findet man Plakate mit den Konterfeis von Ratko Mladić oder an Wände und Mauern geschmierte Symbole serbischer Nationalisten. Häufig ist an Ortseingangsschildern unter den kyrillischen Namen die Variante in lateinischer Schrift übersprüht, ein chauvinistisches Signal an alle Nicht-Serben, da Bosniaken, Kroaten und Montenegriner für ihre Sprachvariante des einstigen Serbo-Kroatischen (heute: Bosnisch, Kroatisch, Montenegrinisch) das lateinische Alphabet benutzen.

An den meisten konkreten Orten von Kriegsverbrechen oder Völkermord erinnert keine Gedenktafel und kein Hinweisschild an das Grauen von einst. So auch nicht in Kravica, einem Dorf eine knappe halbe Autostunde nördlich von Srebrenica. Dort wurden im Juli 1995 rund 1.500 wehrlose Männer und Jungen ermordet, unter anderem in landwirtschaftlichen Lagerhallen, in die Soldaten wahllos hineinschossen und Handgranaten warfen. Die Spuren der Einschüsse sind in den Lagerhallen bis heute zu sehen. Doch diese werden längst wieder als Unterstand für landwirtschaftliches Gerät genutzt; eine Gedenktafel an das Massaker gibt es nicht.

Die großen Massengräber sind zwar alle längst entdeckt und die Opfer in ihnen exhumiert worden. Dennoch werden in der Gegend um Srebrenica bis heute jedes Jahr noch immer Leichen oder ihre Überreste gefunden. So etwa findet man auf der Route des einstigen Todesmarsches von Srebrenica in bestimmten Waldabschnitten, in denen die Flüchtenden in Hinterhalte gerieten, nach wie vor Knochen von Ermordeten, alte Schuhe, Kleidungsstücke, Taschen, Konservendosen oder Trinkbecher.

Auch Srebrenica, einst ein wohlhabendes Bergarbeiter-Städtchen, ist bis heute ein trostloser Ort voller Ruinen. Dort sind Überlebende gezwungen, neben mutmaßlichen Mittätern und Helfern des Völkermordes zu wohnen. Gegenüber den zurückgekehrten Bosniaken herrscht eine feindselige Atmosphäre der Leugnung oder Verharmlosung des Genozids, angestachelt durch den langjährigen serbischen Bürgermeister des Ortes, Mladen Grujičić, der die Verbrechen von Srebrenica systematisch kleinredet und sich gern mit Symbolen des serbischen Nationalismus schmückt. Einen würdigen Ort des Gedenkens an den Völkermord sucht man in Srebrenica vergebens.

Diesen würdigen Ort gibt es acht Kilometer nördlich von Srebrenica im Dorf Potočari. Dort befindet sich das Srebrenica Genocide Memorial, in und um die Gebäude einer ehemaligen Batteriefabrik, in denen während des Krieges die UN-Friedenstruppen für die Schutzzone Srebrenica untergebracht waren. Darunter war auch jenes hilflose Dutchbat, das im Juli 1995 angesichts der Untätigkeit der internationalen Gemeinschaft kampflos abzog und die Menschen in der Schutzzone den Häschern und Mördern des Generals Ratko Mladić schutzlos überließ.

In den Hallen und Räumen der Batteriefabrik befindet sich heute ein Museum, das mit vielen Fotografien, Filmen und persönlichen Gegenständen der Opfer das Leben in der ehemaligen Schutzzone Srebrenica, den Völkermord und das Versagen der internationalen Gemeinschaft auf bedrückende Weise dokumentiert. Gegenüber dieses Museums liegt das eigentliche Memorial – ein mehrere Hektar großes Gelände, auf dem bislang etwa 7.000 Opfer des Völkermordes begraben wurden und in dessen Mitte sich zu einem Kreis angeordnete Marmortafeln mit den Namen der mehr als 8.000 bekannten Opfer befinden.

Hier in der Nähe trat Hasan Hasanović am 11. Juli 1995 den Todesmarsch von Srebrenica an. Und hier, in der Gedenkstätte, arbeitet er heute. Er baut für das Memorial ein Filmarchiv auf, für das er Interviews mit Überlebenden führt. Sie erzählen darin – wie er selbst in seinem Buch – vom Leben, Sterben und Überleben in Srebrenica. Es ist ein einzigartiges Projekt, das bereits jetzt hunderte Interviews umfasst und das sich zum Ziel setzt, die Geschichte so vieler Überlebender wie möglich für die Nachwelt festzuhalten, für eine Zeit, in der niemand mehr persönlich Zeugnis ablegen kann. Die Interviews sind auch deshalb einzigartig, weil Hasan Hasanović selbst Überlebender ist und ihm seine Gesprächspartner ein Vertrauen entgegenbringen und mit einer Vertrautheit erzählen, die sie bei jenen, die Srebrenica nicht durch- und überlebten, unmöglich haben könnten.

Ich habe Hasan Hasanović vor einigen Jahren bei Dreharbeiten für einen Film über den Völkermord von Srebrenica kennengelernt. Anfänglich spürte ich seine Skepsis gegenüber mir, dem Journalisten. Wieder nur einer derjenigen, die eine gute, eindrückliche Story suchen und, wenn sie sie haben, auf Nimmerwiedersehen verschwinden?

Ich glaube, Hasan spürte schnell, dass ich ihn und andere Überlebende nicht als »Story« sah. Und so erzählte er mir offen und mit großem Vertrauen seine Geschichte. Wir besuchten zusammen das Dorf seiner Kindheit, Sulice, das im Krieg völlig zerstört wurde und in dem heute nur noch von Gestrüpp überwucherte Ruinen stehen, ein Ort, der wohl nie mehr zum Leben erwachen wird. Hasan zeigte mir die Erdlöcher im Wald, in denen er und seine Familie eine Zeit lang hausten wie Tiere. Wir gingen durch ein Waldstück, in dem er während des Todesmarsches von Srebrenica bei einem Bombenangriff aus dem Hinterhalt fast sein Leben verloren hätte. Wir trafen zusammen andere Überlebende. Ich lernte einen Teil seiner Familie kennen. Und wir waren zusammen am Podrinje Identification Project in der ostbosnischen Großstadt Tuzla, jener Einrichtung, in der seit vielen Jahren die Opfer des Völkermordes anhand von Knochen-DNA identifiziert werden, die mit der DNA der überlebenden Familienangehörigen verglichen wird. Auch die Überreste von Hasans Vater und Zwillingsbruder wurden dort identifiziert.

Ich habe die Überlebenden des Völkermordes von Srebrencia ausnahmslos als sehr bescheidene Menschen kennengelernt, die sich freuen und zutiefst dankbar sind, wenn jemand ihnen mit aufrichtigem Interesse zuhört und nach ihrer Geschichte fragt. Denn sie fühlen sich selten mit solchem Interesse gesehen und wahrgenommen. Da ist nicht nur die scham- und straflose Leugnung des Unleugbaren in Serbien und der Republika Srpska, die sie bedrückt und fassungslos macht. Auch im bosnischen Staat gibt keine wirklich würdige Gedenkkultur und keinen wirklich würdigen Platz für sie.

Im bosnischen Staat ist der Völkermord von Srebrenica und die Erinnerung an ihn zwar eines der herausragenden Elemente der nationalen Identität. Doch das äußert sich auch mehr als zweieinhalb Jahrzehnte nach dem Verbrechen nicht in einem angemessenen Umgang mit den Überlebenden. Bosnische und auch ausländische Politiker kommen anlässlich von Gedenktagen pflichtschuldig zum Srebrenica Genocide Memorial und lassen sich gern mit Überlebenden ablichten. Doch die meisten von ihnen leben heute in äußerst bescheidenen Verhältnissen oder sogar in großer Armut und haben nie Unterstützung erfahren, weder materiell noch psychologisch. Lediglich überlebende Witwen, die keinerlei männliche Angehörigen mehr haben, bekommen eine kleine staatliche Rente. Die bosnischen Politiker interessieren sich nur wenig für die Überlebenden – diese sind meistens nur ein Instrument bei politischen Anlässen.

Diese Situation ist eine traurige Tatsache. Doch Hasan Hasanović würde niemals darüber klagen. So wie er generell kein Mensch ist, der klagt. Wenn er von seiner Geschichte erzählt, dann strahlt er dabei immer eine große Würde aus – eine Würde, die angesichts dessen, was ihm widerfuhr, schwer zu begreifen, eigentlich unfassbar ist. Eine Würde, von der man sich fragt, wie es ihm gelungen ist, sie nach dem Überleben des Todesmarsches zu erlangen. Diese Würde ist Hasan Hasanovićs Sieg über die Völkermörder, sein Sieg über das Böse.

Und wie war es überhaupt möglich, dass dieses Böse, das Verbrechen von Srebrenica, geschehen konnte? Dass es zugelassen wurde? Im Europa nach dem Zweiten Weltkrieg und nach dem Holocaust. Nachdem es jahrzehntelang doch immer geheißen hatte: »Nie wieder!«

Ich habe Hasan Hasanović gefragt. Er hatte keine Antwort. Auch in seinem Buch beantwortet er diese Frage nicht. Wahrscheinlich gibt es letztlich, jenseits aller plausiblen Erklärungsversuche, keine Antwort auf diese Frage. Aber man stellt sie sich nach der Lektüre dieses Buches mit tiefem, unbeschreiblichem Entsetzen. Und vielleicht ist es besser, hilfreicher, sich immer wieder diese Frage zu stellen, anstatt einfach formelhaft zu sagen: »Nie wieder!«

Den Genozid von Srebrenica überleben

Mein Zwillingsbruder Husein, mein Vater Aziz und mein Onkel Hasan waren bei mir, und wir alle wussten, dass wir nur überleben konnten, wenn wir »der Kolonne« folgten. So weit meine Augen blicken konnten, sah ich überall Männer, die in Reihen liefen – von jungen Teenagern bis zu alten Männern. Wir gingen geordnet nebeneinander, warteten auf den Abmarsch in das freie Tuzla. Mein Onkel glaubte, es wäre am sichersten, wenn wir in der Mitte der Kolonne blieben. Während wir uns also einreihten, vernahmen wir plötzlich schweren Beschuss. Inmitten des furchtbaren Dröhnens der Artillerie gerieten die Menschen in Panik, begannen nach vorne zu drängen, suchten verzweifelt nach Schutz. Ich konnte an nichts anderes denken, als dass ich unbedingt noch weiter nach vorne gelangen musste. Irgendetwas tief in meinem Inneren sagte mir, dass ich dorthin musste, und das gab mir Hoffnung, zu überleben. Plötzlich begriff ich, dass ich den Kontakt zu meinem Vater und Bruder verloren hatte. Ich wollte warten und nach ihnen suchen, aber ich wusste, dass ich getötet würde, wenn ich stehen blieb – so rannte ich einfach weiter. Ich lief mit unzähligen anderen in die Wälder, erst in eine Reise des Terrors und – schlussendlich – in die Freiheit.

Bis heute kann ich kaum glauben, dass ich Teil dieser »Kolonne« war. Jeden Tag frage ich mich aufs Neue, woher ich damals die Kraft nahm. Wenn man sich in einer Situation befindet, in der jeder Schritt eine Frage von Leben und Tod ist, funktioniert der eigene Verstand grundlegend anders. Diese Erfahrungen wurden zu einem Teil von mir. Sie verfolgen mich jeden Tag, vom Moment des Aufwachens bis ich wieder schlafen gehe. Ich werde sie einfach nicht los. Das Schlimmste ist der Schmerz, wenn ich darüber nachdenke, wie mein Bruder Husein und mein Vater Aziz umgebracht wurden: Wurden sie gefoltert, wie lange hat es gedauert, bis sie schließlich tot waren? Dieser Schmerz ist kaum zu ertragen. Ich schreibe hier meine Geschichte nieder, die Geschichte eines Dorfjungen, der den Genozid von Srebrenica überlebt hat.

Hasan Hasanović

Kapitel 1

Glückliche Zeiten vor dem Krieg

Ich wurde am 7. Dezember 1975 in Bajina Basta in Serbien geboren. Meine Mutter brachte mich und meinen Zwillingsbruder Husein zur Welt, der fünf Minuten nach mir geboren wurde. Alle in unserer Familie waren glücklich über die Zwillinge. Mein Großvater und meine Großmutter hatten vier Töchter und einen Sohn, meinen Vater, und sie waren überglücklich, als wir zwei zur Welt kamen. Mein jüngerer Bruder, Omer, wurde vier Jahre nach uns geboren, wir waren also drei Brüder.

Wir lebten im Dorf Sulice, in einem braunen Haus mit weißer Fassade, ringsum verliefen Gehsteige. Es war ein neu gebautes Haus mit einem roten Terrakottadach. Drinnen gab es ein Wohnzimmer, zwei Schlafzimmer, eine Küche und ein Bad. Das Wohnzimmer und ein Schlafzimmer waren für meine Mutter, meine Brüder und mich bestimmt. Das andere Schlafzimmer nutzten mein Großvater und meine Großmutter sowie ihre zwei Töchter. Im Keller gab es noch zwei weitere große Räume. In dem einen saßen wir häufig gemeinsam, empfingen Gäste und aßen zusammen. Der andere Raum diente uns hauptsächlich als Vorratskammer. Üblicherweise bereiteten meine Mutter und meine Tanten darin das Brot vor und trugen es dann in den Raum nebenan, um es im Holzofen zu backen. Ich liebte den Geruch von frisch gebackenem Brot. Meistens bekam ich ein Stück davon, wenn es noch ofenwarm war.

Zwei meiner Tanten waren verheiratet, und zwei noch alleinstehend. Die unverheirateten beiden Tanten lebten bei uns. Eine von ihnen, Mevlida, heiratete später. Auf ihrer Hochzeit stritten sich die Kinder um die Süßigkeiten. Ich erinnere, wie ich meinen Großvater weinen hörte, als seine Tochter das Haus verließ. Auch die andere Tante heiratete bald darauf.

Mein Vater und mein Großvater waren die meiste Zeit abwesend, da sie in Kroatien arbeiteten. Daher wurde den Frauen alles anvertraut: Sie kümmerten sich um die Felder, das Vieh, die Hühner, die Hausarbeit und die Kinder. Meine Mutter arbeitete meistens auf dem Feld, übernahm das Kochen und schaute nach mir und meinen Brüdern. Wir hatten einen Stall, in dem wir zwei Kühe hielten, und manchmal half ich ihr beim Füttern. Meine Mutter melkte auch die Kühe. Wir haben die Milch selbst getrunken, aber auch Käse daraus gemacht. Meine Mutter und meine Großmutter machten aus dem Käse auch Käsekuchen, der sehr lecker schmeckte. Wir hatten eine Außentoilette und einen Hühnerstall. Die Hühner legten immer viele Eier, mit denen wir verschiedenste Mahlzeiten zubereiteten. Auf dem Grundstück standen auch eine Scheune für Werkzeug und Lebensmittelvorräte sowie eine weitere, in der wir Maiskörner lagerten.

Normalerweise standen alle in meiner Familie, so auch ich, jeden Tag um 6 Uhr morgens auf, und jeder hatte seine Verpflichtungen. Auch für mich und meine Brüder gab es immer etwas zu tun, obwohl wir noch Kinder waren. Unser Großvater Azem erteilte uns verschiedene Aufgaben, wenn er nicht gerade in Kroatien arbeitete. Bis zur Dämmerung hatten wir unsere Verpflichtungen meist erfüllt und kehrten danach ins Haus zurück, um zu Abend zu essen. Wir saßen dann um einen niedrigen Tisch, ohne Stühle, und Großvater würde den Beginn des Abendessens mit einem Gebet und einem ersten Bissen andeuten – das war für uns das Zeichen, dass auch wir beginnen durften. Wir aßen alle gemeinsam von einem Teller, und manchmal, wenn unsere Löffel zusammenstießen, machte das ein klapperndes Geräusch. Meine Mutter kümmerte sich darum, dass Opa sein Lieblingsessen bekam. Er entschied, was am jeweiligen Tag auf dem Essensplan stand und was wir somit alle essen würden – da hatte er das Sagen. Mutter sorgte dafür, dass das Essen köstlich war, und zwar so, wie es Großvater mochte. Großvater Azem lehrte uns Manieren, insbesondere bei Tisch, zum Beispiel während der Mahlzeit nicht zu reden.

Natürlich erinnere ich mich nur verschwommen an meine frühen Lebensjahre, aber ich erinnere mich deutlich an eine insgesamt glückliche Kindheit mit meiner Familie im Dorf Sulice, fünfundzwanzig Kilometer südöstlich von Srebrenica. Das Dorf war besser an Serbien angebunden, weil die serbischen Städte Bajina Bašta und Perućac näher lagen als Srebrenica. Eigentlich gingen die Menschen nur nach Srebrenica, um ihre Steuern oder Versicherungen zu begleichen oder Ähnliches zu erledigen. Die Bewohner verkauften ihre Produkte in Serbien, wo sie auch andere alltägliche Dinge verrichteten. Ich erinnere mich, dass ich zum Zahnarzt immer in die serbische Stadt Perućac ging. Wir wanderten hinunter zum Fluss Drina, wo uns ein Bootsmann namens Hakija über den Fluss brachte. Auf dem Rückweg liefen wir dieselbe Route, mit dem Unterschied, dass wir dann das gebirgige Terrain retour besteigen mussten. Ich erinnere auch, dass ich in die größere Stadt, Bajina Bašta, mit meinem Vater einkaufen ging. Aus der Perspektive meines kleinen Dorfes erschien jede Stadt groß und schön, mit ihren vielen aufregenden Geschäften.

Ich besuchte, so wie viele andere Kinder aus den umliegenden Dörfern, die Grundschule in dem nahe gelegenen

Ort Krst. Mein Schulweg war hin und zurück je vier Kilometer. Wir Kinder aus meinem Dorf gingen gemeinsam zur Schule. Ich erinnere, dass wir damals gespielt und gesungen haben und uns gegenseitig aufgezogen haben. Nach der Schule spielten wir oft noch Fußball, vergaßen die Zeit, und wenn wir nach Hause kamen, schimpften unsere Eltern mit uns, weil wir so spät dran waren und eigentlich noch Arbeit mit dem Vieh oder auf den Feldern zu erledigen hatten.

Meine erste Lehrerin war Vera Jovanović aus Belgrad. Als sie an unsere Schule kam, musste sie erst einmal lernen, wie man sich auf dem hügeligen Terrain rings um unsere Schule richtig bewegte. Sie war nicht sehr streng mit uns, aber sie verstand es, Schülern Grenzen zu setzen. Ich erinnere, dass sie einige Mitschüler bestrafte, indem sie ihnen handgemalte Eselsohren aus Papier aufsetzte. Das war eine üble Strafe, weil alle Schüler laut über sie lachten. Vera Jovanović war die Lehrerin, die mir schreiben, lesen und rechnen beibrachte. Mein Zwillingsbruder Husein und ich saßen in derselben Schulbank, und wir waren die besten Schüler in der Klasse. Einmal sammelten wir Schnecken für unsere Lehrerin, die diese dann als Mahlzeit vorbereitete. Wir Kinder fanden das ekelhaft. Meine Lehrerin kam auch zu Besuch in unser Dorf, und sie knüpfte sehr gute Beziehungen zu den Bewohnern. Sie kam auch in unser Haus und war überrascht, wie sauber und ordentlich es darin war.

Am 25. Mai war der »Tag der Jugend«, ich musste an diesem Tag einen Staffelstab tragen und war damit zum ersten Mal »Titos* Pionier«. Ich erinnere, dass mir meine Lehrerin eine blaue Kappe mit einem roten Stern auf den Kopf setzte und mir einen roten Schal um den Hals legte. Wir gingen in das nahe gelegene Dorf Knezovi, wo wir auf die Über-

* Im Januar 1953 wurde Tito zum Präsidenten von Jugoslawien gewählt. Er wurde weitere fünfmal wiedergewählt und 1974 schlussendlich zum Präsidenten auf Lebenszeit erklärt.

gabe des Staffelstabs warteten. Das war für mich damals eine aufregende Erfahrung, voller Emotionen und froher Erwartungen. Endlich sah ich den Staffelstab kommen, ein Schüler überreichte ihn mir, und ich lief einige Dutzend Meter damit weiter, um ihn stolz dem nächsten Schüler zu übergeben. An eine Reise nach Belgrad zu Titos Grabstätte kann ich mich ebenfalls erinnern, genauso wie an einen kleinen Jungen namens Hasan, der aus Unachtsamkeit die Blumen auf Titos Grab ramponierte – und an den Lehrer, der ihm eine saftige Ohrfeige dafür verpasste. Ich erinnere die Soldaten der Ehrengarde, die in ihren blauen Uniformen die Totenwache an Titos Grab hielten, mit ihren weißen Handschuhen hielten sie Gewehre mit Bajonetten. Ich fragte mich damals, ob diese Soldaten wohl auch nur mit den Augenlidern zuckten, solange sie dort standen.

Während dieses Besuchs in Belgrad gingen wir auch in den Zoo, wo wir Tiere beobachteten, die ich nie zuvor gesehen hatte. Ich weiß noch, wie unser Busfahrer mit der Lehrerin Späße machte, als er ihr ankündigte, er werde ein Kind in den Tigerkäfig werfen, um zu sehen, was passiert. Ich erinnere mich auch an eine Exkursion nach Višegrad mit einem kleinen Boot, ein für mich unvergessliches Erlebnis. Wir fuhren unter der berühmten Višegrad-Brücke durch, die mich mit ihrer Schönheit sehr beeindruckte und die mit ihren vielen Bögen so riesig wirkte. An einen späteren Ausflug mit der Schulklasse nach Sarajevo, mit einer Lehrerin namens Dragica, kann ich mich auch erinnern. Wir besuchten den Berg Trebević, von wo aus wir mit einer Gondelbahn nach Sarajevo hinunterfuhren – es war wirklich wunderbar.

Einmal kam ein Magier in unsere Schule. Mit nacktem Oberkörper legte er sich auf messerscharfe Glasscherben. Ich fragte mich, ob er sich wohl verletzen würde, doch zu meiner großen Erleichterung passierte ihm nichts. Das erschien mir damals wie ein Wunder.

Die höheren Stufen der Grundschule besuchte ich nach Abschluss der vierten Klasse in einer anderen Schule, in einem Ort, der Osatica hieß, ungefähr acht Kilometer von meinem Dorf entfernt. Hin und zurück musste ich mit den anderen Schülern gemeinsam jeden Tag sechzehn Kilometer zu Fuß zurücklegen. Einmal war der nahe gelegene Fluss nach starken Regenfällen über die Ufer getreten, und wir mussten nach Hause umkehren, allesamt nass und frierend. Jeder Winter war eine einmalige Erfahrung. Es war schwer, den Weg durch die Schneemassen zu finden. Der Weg zur Schule dauerte dann manchmal Stunden. Wir mussten uns beim Freischaufeln und Aufspüren des Weges immer wieder abwechseln. Als wir dann schließlich in der Schule ankamen, waren alle müde und völlig durchnässt. Wir setzten uns um den Schulofen, um dort unsere Socken auszuziehen und zu trocknen. Nach dem Aufwärmen am Kamin begann der Unterricht, dem wir hoch konzentriert folgten, um gut mitzukommen.

Mein Bruder Husein war mir in Mathematik, Physik und Kunst überlegen, während ich besser in Geschichte, Geographie und Russisch war, wobei wir uns immer gegenseitig halfen und deshalb die besten Schüler in der Klasse waren. Auf den Sportunterricht, bei dem wir meistens Basketball und Fußball spielen durften, freuten sich immer alle. Ich erinnere mich auch an einen Cross-Country-Laufwettbewerb in der Schule, bei dem alle in Sportbekleidung – Jogginganzügen und Laufschuhen – antreten mussten. Alle Schülerinnen und Schüler sahen gleich aus, weil alle im selben Geschäft ihre Sportsachen gekauft hatten – außer mir und Husein: Wir trugen himmelblaue Puma-Jogginganzüge, die uns unser Großvater in Zagreb, wo er damals arbeitete, gekauft hatte.

In der Nähe der Schule gab es ein Geschäft, in dem wir nach der letzten Stunde Süßigkeiten und belegte Brote kauften. Nicht weit davon lebte ein Mann namens Hajko, der einen Videorekorder besaß und uns gegen Bezahlung Spielfilme zeigte – sozusagen meine ersten Kinobesuche. Manchmal gingen wir nach der Schule zu einem nahe gelegenen See und schwammen dort, bevor wir nach Hause gingen. Auf dem Rückweg schlichen wir manchmal in fremde Gärten, um Tomaten zu pflücken, die wir dann mit Salz und Brot verspeisten. Dazu tranken wir Wasser aus einer Quelle, von der es hieß, sie sei die kälteste weit und breit.

In der Nähe unseres Dorfes gab es einen kleinen Walnussbaumwald, und oft blieben wir auf dem Nachhauseweg dort, um Walnüsse zu sammeln und »Cups« zu spielen. Cups ist ein Spiel, bei dem man drei Walnüsse übereinander auf dem Boden stapelt und eine vierte oben drauf legt, den »Cup«. Jeder von uns baute so einen »Cup«, alle direkt nebeneinander. Dann warfen wir aus circa zehn Meter Entfernung Walnüsse auf diese »Cups«. Wer als Erster die Cups traf und umwarf, durfte alle Walnüsse behalten, alle anderen gingen mit leeren Händen nach Hause. Natürlich dauerte unser Nachhauseweg dadurch sehr lange, und oft wurden wir von unseren Eltern ausgeschimpft, wenn wir zu spät kamen.

In meiner Familie arbeiteten alle sehr hart. Wenn das Feld für die Saat vorbereitet war, pflanzten wir Weizen, Mais und andere landwirtschaftliche Produkte. Ich führte oft das Ochsengespann, das den eisernen Pflug über die Felder zog, den ganzen Tag lang, unterbrochen nur von kurzen Essenspausen. Im Jahreszyklus musste man im Frühjahr die jungen Pflanzen pflegen, später die Kartoffeln und den Mais umgraben und schließlich, im Spätsommer, den Mais ernten und in der Holzscheune einlagern – die immer gut gefüllt war. Während der Erntezeit kamen die anderen Dorfbewohner dazu und halfen mit, damit die gesamte Arbeit an einem Tag erledigt werden konnte. Der Weizen wurde mit der Hand geerntet und in Wassermühlen gemahlen.

Mein Dorf war reich an Obst, insbesondere Pflaumen, Birnen und Äpfeln. Aus der Ferne wirkte das Dorf wie ein Wald, in dessen Mitte die Häuser lagen. Meine Familie bewirtschaftete mehrere Pflaumengärten, die Früchte wurden für den Verkauf und für Trockenobst genutzt, aber auch für die Herstellung von verschiedenen Marmeladen für den Eigengebrauch. Wir hatten ein Trockengerät für die Pflaumen und kochten auch Apfelmarmelade, indem wir die Äpfel in einer speziellen Maschine auspressten, deren Saft sich dann in einem Spezialbehälter namens »kazan« sammelte, wo er erhitzt und stundenlang gekocht wurde, bis die Marmelade fertig war. Manche unserer Marmeladen waren mehr als zehn Jahre alt. Sie wurden zum Kochen, Kuchenbacken und als Beilage für andere Mahlzeiten verwendet. Es gab auch unterschiedliche Birnensorten, die zu verschiedenen Zeiten im Jahr reiften. Wir Kinder liebten die Kirschen über alles, die es den ganzen Sommer hindurch gab. Wir produzierten fast alles selbst, sodass wir nur Zucker, Salz und Öl hinzukaufen mussten.

Es gab so viele Abenteuer für mich als kleinen Jungen zu erleben. Ich erinnere, wie ich einmal, während ich das Vieh auf der Weide hütete, in einem Birnbaum ein Hornissennest entdeckte und einen Stein dort hineinwarf. Daraufhin schossen plötzlich einige Hornissen auf mich zu, und ehe ich mich versah, spürte ich schon die Stiche. Ich brachte das Vieh zurück nach Hause, ging aber selbst nicht hinein. Meine Mutter sah mich an der Hausecke und erkannte mich fast nicht wieder, so stark war mein Kopf angeschwollen. Ich schlief vierundzwanzig Stunden am Stück, und glücklicherweise war danach alles wieder in Ordnung.

Ich erinnere noch ein anderes Abenteuer aus dieser Zeit. Mein anderer Großvater besaß einen gefährlichen Bullen. Eines Tages war ich gerade in der Nähe und sah meinen Nachbarn, einen Mann mittleren Alters, der nicht gerne arbeiten ging, lieber zu Hause saß und Alkohol trank und sich von seiner Frau bedienen ließ. Der Nachbar hielt sich in der Nähe der Weide meines Großvaters auf und trug einen roten

Pullover. Der Bulle erblickte ihn und nahm die Jagd auf. Ich war mir sicher, der Bulle würde den Mann ernsthaft verletzten. Ich hatte damals meinen Spaß daran, den Bullen dabei zu beobachten, vor allem weil ich ja wusste, dass der Mann sehr arbeitsscheu war und seine Familie nicht unterstützte. Glücklicherweise schaffte der Nachbar es rechtzeitig, sich vor dem Bullen in Sicherheit zu bringen.

Ich erinnere auch, dass ich manchmal Pilze sammeln ging, die ich dann der landwirtschaftlichen Kooperative verkaufte. Bei der Pilzsuche entfernte ich mich manchmal bis zu zwanzig Kilometer von meinem Dorf, oft war ich ganz alleine. Viele Menschen gingen alleine auf Pilzsuche, weil sie gut versteckte Ort kannten, an denen es besonders viele Pilze gab – und diese wollten sie nicht preisgeben. Neben Pilzen sammelte ich auch Kräuter sowie wilde Himbeeren und Bohnenkraut, die ich dann trocknete und ebenfalls verkaufte. So konnte ich meine Familie mit einem kleinen zusätzlichen Einkommen unterstützen. Nötig war das eigentlich nicht, da mein Vater und Großvater beide in einer renommierten kroatischen Firma namens Geotehnika arbeiteten und meine Familie immer genügend Geld zur Verfügung hatte. Wir waren in der Lage, ein großes Haus in einem Vorort von Bratunac zu bauen, das für die weitere Ausbildung von meinem Bruder und mir gedacht war. Wenn mein Vater in Kroatien arbeitete, war er manchmal für mehr als zwei Monate am Stück abwesend, und ich habe immer sehnsüchtig auf ihn gewartet. Nicht wegen der Geschenke, die er mitbrachte, sondern einfach, weil er mein Vater war und ich ihn liebte. Er war stets sehr gepflegt angezogen und arbeitete sehr hart, weil wir ein besseres Leben haben sollten. Er war nicht sehr groß, hatte immer rote Wangen und wunderschönes schwarzes Haar. Seine Zähne waren weiß wie Schnee. Ich wollte immer so aussehen wie er – heute glaube ich, dass das in vielerlei Hinsicht auch so ist.

Häufig besuchte ich meinen Großvater, meine Großmutter und meinen Onkel, die am Dorfrand wohnten. Mein Onkel Hasan war mein Frisör – er arbeitete in Srebrenica und kam häufig erschöpft nach Hause. Dann las er Zeitung. Wenn ich ihn bat, meine Haare zu schneiden, fragte er oft: »Geht's auch morgen?« Ich erinnere mich, dass er mir in Mathe geholfen hat, es geliebt hat zu singen und oft auch öffentlich auftrat. Davon wusste mein Großvater jedoch nichts, das hätte er nicht erlaubt. Mein anderer Onkel, Sejdalija, der in Srebrenica wohnte, hat uns bei seinen Besuchen oft Süßigkeiten mitgebracht, und wir haben uns immer sehr gefreut, wenn er zu uns kam.

Als Kinder spielten wir Fußball, fuhren Ski, liebten das Schlittenfahren und gingen zu verschiedenen Dorf- und Jugendfeiern. Wir lauschten der Live-Musik und tanzten »Kolo«, einen Tanz, den offenbar jeder beherrschte, ohne es erlernt zu haben … und wir sind auch ausgegangen. Einmal ging ich zu einem Dorftanz mit meinem Freund Sabahudin, der sich kurz zuvor in die Militärakademie eingeschrieben hatte. Er trug einen olivgrünen Militäranzug und eine Kappe. Ich glaubte, dass alle Mädchen ein Auge auf ihn warfen und er sehr beliebt war.

Die Menschen im Dorf unterstützten einander, kamen zu jeder Tageszeit vorbei, ohne Vorankündigung, meistens auch ohne an die Tür zu klopfen, entweder um sich einfach zu besuchen oder um etwas auszuborgen. Mein Leben im Dorf Sulice war etwas ganz Besonderes. Damals glaubte ich, dass die Menschen in der Stadt glücklicher sein müssten. Rückblickend aber würde ich meine Dorfkindheit gegen nichts auf der Welt tauschen wollen.

Kapitel 2

Vorbereitungen auf den Krieg

Als ich zum ersten Mal hörte und begriff, dass Muslime ihre eigene politische Partei, die SDA (Partei der demokratischen Aktion) gegründet hatten, wohnte ich noch in meinem Dorf. Jeder redete darüber. Die Menschen forderten uns auf, geschlossen die SDA zu unterstützen und sie zu wählen. Es war das erste Mal in vielen Jahren, dass sich Muslime politisch organisierten. Unsere serbischen Nachbarn unterstützten und wählten hingegen die SDS (Serbische Demokratische Partei). Keiner wusste, wohin all das führen sollte.

Mein Vater besuchte die Wahlkampfveranstaltung der SDA in Sarajevo im Olympiastadion. Die Muslime in meinem Dorf und auch in den umliegenden Dörfern waren zumeist einfache Bauern und Arbeiter. Sie waren nicht so gut ausgebildet, dieses Privileg war den Serben vorbehalten. In meiner Schule waren die meisten Lehrer Serben, obwohl fast alle Kinder Muslime waren. In den frühen 1990er Jahren gingen immer mehr Muslime an die Universitäten, und auch in meiner Schule wurden einige muslimische Lehrer angestellt. Ein Gefühl nationaler Euphorie auf beiden Seiten – muslimischer wie serbischer – kam auf, was für mich persönlich nur schwer nachvollziehbar war.

Bald darauf wurden Wahlen abgehalten. Die Mehrheit der Muslime wählte die SDA, die daraufhin über die größte

Anzahl an Sitzen im Parlament verfügte. In unserer Schule gab es kurz nach dem Wahlausgang zum ersten Mal einen muslimischen Direktor. Muslime entwickelten sich zu einem bedeutenden Machtfaktor in Bosnien und Herzegowina. Wir alle hielten dies für den Beginn einer muslimischen Renaissance im Land, die zu mehr Wohlstand führen würde – wie falsch wir doch lagen.

Meine Eltern erzogen mich dazu, allen Menschen mit Respekt zu begegnen, auch den Serben. Sie haben nie hasserfüllt gesprochen und keine Narrative verbreitet, die mich dazu veranlasst hätten, die Serben als unsere Feinde wahrzunehmen. Ich hatte in der Schule serbische Klassenkameraden, die ich genauso respektierte wie meine muslimischen Freunde. Ich beobachtete oft, wie mein Großvater respektvoll und freundlich mit unseren serbischen Nachbarn umging. Mein anderer Großvater erzählte mir eine Geschichte aus dem Zweiten Weltkrieg, derzufolge seine Familie die Leben unserer serbischen Nachbarn rettete, indem sie sie in ihrem Haus in Schränken vor kroatischen Ustascha versteckte. Danach wurden sie zu besten Freunden, und die Familie war ihm so dankbar, dass sie diese Geschichte auch ihren Kindern wiederum weitererzählte. Ich erinnere mich auch an den besten Freund meines Vaters, Obrad, aus dem serbischen Bajina Bašta. Sie arbeiteten gemeinsam in Kroatien.

Der Nationalismus wuchs beständig, und gegen Ende der 1990er begannen die Leute in meinem Dorf zu glauben, dass dies zu nichts Gutem führen würde. Sie hielten es aber für unvorstellbar, dass ein Nachbar sich gegen den anderen wenden würde – schließlich waren sie Freunde, hatten miteinander gearbeitet, waren gemeinsam in die Schule und zur Armee gegangen, wurden füreinander Trauzeugen und gingen sogar häufig gemischte Ehen ein.

In den Medien wurden mehr und mehr Geschichten von Serben im Osmanischen Reich und während des Zweiten

Weltkriegs erzählt – Narrative, die die Menschen glauben ließen, dass ihre muslimischen Nachbarn ihre Feinde seien und die Schuld für alles Unglück der Vergangenheit trügen. Die Medien verbreiteten auch, dass die Serben unter der muslimischen Mehrheit in Bosnien Gefahr liefen, zu Bürgern zweiter Klasse zu werden, sobald sich Jugoslawien auflöste und Bosnien unabhängig würde.

Ich erinnere, dass ich nach Abschluss der achten Klasse mit meiner Familie nach Bratunac zog. Beim Umzug blieben wir über Nacht in der Wohnung meines Onkels in Srebrenica, der dort mit seiner Frau und zwei Söhnen wohnte. Einen Tag später erreichten wir Bratunac, und ich ging mit meinem Zwillingsbruder dort auf die Mittelschule. Das war 1991. Mein jüngerer Bruder besuchte die fünfte Klasse der Grundschule. Wir lebten in dem großen Haus, das mein Vater zuvor gebaut hatte. Es hatte drei Stockwerke mit separaten Eingängen, und in jedem Stockwerk gab es die gleiche Anzahl an Zimmern. Mein Vater hatte viel Geld in dieses Haus investiert, eigentlich fast alles von seinem in Kroatien verdienten Gehalt. In Bosnien war es üblich, dass Väter Häuser für ihre Söhne und Töchter bauten.

Die Gewöhnung an das Leben in Bratunac war anfangs nicht ganz einfach – eine neue Stadt, neue Leute, eine andere Schule –, aber nach und nach haben wir uns gut eingefunden. Wir gingen zu Fuß zur Schule, die ein paar Kilometer entfernt war, und auf dem Rückweg wurden wir manchmal ein Stück des Weges in einem Pferdefuhrwerk mitgenommen, das mit Wassermelonen beladen war – so kamen wir rascher nach Hause und ließen uns dabei auch noch die Früchte schmecken.

Bald nach unserem Umzug nach Bratunac fand das Unabhängigkeitsreferendum in Bosnien und Herzegowina statt. Mein Vater und meine Mutter stimmten für die Unabhängigkeit. Die Serben in Bratunac und dem Rest von Bosnien und

Herzegowina hielten ein eigenes Referendum ab, mit dem Ergebnis, dass sie in Jugoslawien verbleiben wollten. Später lernte ich, dass die meisten bosnischen Muslime für die Unabhängigkeit gestimmt hatten, die Mehrheit der bosnischen Serben dagegen. Danach fand eine Polarisierung in unserem alltäglichen Sozialleben statt, in deren Folge viele Menschen, insbesondere junge Menschen, die abends ausgingen, sich plötzlich in getrennten Bars und Cafés wiederfanden. Muslime suchten Lokale auf, die Muslimen gehörten, und Serben gingen in serbische. Es gab die ersten Streitigkeiten zwischen Muslimen und Serben und auch die ersten Todesopfer. Wir waren alle sehr besorgt und wussten nicht, was die Zukunft bringen würde.

Ich erinnere einen Schulkameraden in der Mittelschule in Bratunac namens Radosav, mit dem ich über den Krieg in Slowenien sprach. Er sagte zu mir: »Ihr Türken solltet wissen, dass die Vergangenheit, als ihr mit Schwertern bewaffnet wart, vorbei ist. Nun haben wir die Waffen.« Das machte mich fassungslos, und ich ging davon aus, dass er das von seinen Eltern gehört hatte. Mir war klar, dass sich die Situation verschlechtern würde und dass es nur noch eine Frage der Zeit war, bis ein Krieg ausbrechen würde. Ich machte mir große Sorgen, weil mir klar war, dass die Serben über die JVA (Jugoslawische Volksarmee) verfügten und es uns Muslimen kaum gelingen würde, verschont zu bleiben. Viele Muslime verließen Bratunac aus Angst vor Auseinandersetzungen. Mein Vater erzählte uns immer wieder, dass ein Krieg nicht lange dauern werde und dass es – falls wir fliehen sollten – da draußen sehr schwer würde, als große Familie in der Fremde zu überleben. Er entschied also, dass wir in Bosnien blieben – eine Entscheidung, die meine Familie in die Tragödie führte.

Kapitel 3

Der Kriegsausbruch und Umzug nach Srebrenica

Ich war nur wenige Monate zur Schule gegangen, als der Krieg ausbrach. Es war so furchtbar, etwas Unbekanntes, wovon ich nur aus Geschichten der Älteren aus meinem Dorf gehört hatte – und von meinem Großvater –, aber mir war klar, dass es nichts Gutes bringen würde. Ich hörte, dass paramilitärische Einheiten aus Serbien nach Bratunac gekommen waren und die Stadt belagerten. Wir hatten alle große Angst, waren völlig konfus und wussten nicht, was wir tun sollten. Schließlich beschlossen wir, uns auf den Weg zu einem Verwandten in einer anderen Ansiedlung zu machen, wo es einen größeren bosnischen Bevölkerungsanteil gab. Auf dem Weg dorthin blieben wir an einer Tankstelle stehen, mein Zwillingsbruder hatte seine Hände in den Hosentaschen. Ein uniformierter Soldat von den serbischen paramilitärischen Einheiten befahl meinem Bruder, die Hände aus den Taschen zu nehmen. Ich weiß noch, wie sehr ich erschrak. Wir passierten die Soldaten und erreichten das Haus unseres Verwandten. Dort warteten wir extrem angespannt, was als Nächstes passieren würde. Nach einer gewissen Zeit entschieden wir uns, wieder nach Hause zurückzukehren, weil wir glaubten, dass sich die Situation beruhigt hätte.

An einem Wochenende, ich hielt mich in unserem Familienhaus in Bratunac auf, gingen meine Eltern auf einen Kaffee zu den Nachbarn von gegenüber. Deren Sohn kam zu uns, und ich spielte mit ihm Schach im Erdgeschoss unseres Hauses. Da bemerkte ich, dass ein Auto vor unserem Haus parkte, ein Polizeiwagen. Die Polizisten sprangen aus dem Fahrzeug und richteten sofort ihre Waffen auf unser Haus. Im Haus waren nur wir Kinder, und wir erschraken panisch. Wir rannten ins nächst höhere Stockwerk, von wo aus wir beobachteten, was weiter geschah. Wenige Minuten später sah ich zwei weitere Polizeifahrzeuge, und in einem davon saß mein Vater.

Ich dachte, sie würden uns alle umbringen. Als sie direkt vor der Haustür standen, fingen sie an, laut auf die Tür einzuhämmern, und sie behaupteten, über Informationen zu verfügen, dass sich bei uns im Haus bewaffnete Personen befänden. Wir waren völlig verängstigt und öffneten die Haustür. Die Offiziere durchsuchten das ganze Haus und fanden natürlich keine bewaffneten Männer vor. Sie schüchterten uns ein, indem sie erzählten, wenn es zu Schießereien in der Gegend kommen sollte, wüssten sie, dass wir es gewesen wären. Das war für uns eine Warnung und die Aufforderung, zu gehen und unser Haus zu verlassen. Wir nahmen nur wenige persönliche Gegenstände mit und gingen in die Nachbarortschaft, wo die Schwester meines Vaters lebte. Dort blieben wir für ein paar Tage, fühlten uns aber auch nicht sicher, weil mehrere Fahrzeuge der paramilitärischen Truppen Tag und Nacht durch die Ortschaft patrouillierten. Später erfuhren wir, dass unser Nachbar Hasan, zu dem Mutter und Vater damals zum Kaffee gegangen waren, direkt vor seiner Haustür ermordet und der Rest seiner Familie nach Tuzla deportiert worden war.

Wir zogen ins nächste Dorf, Voljevica, wo wir die Nacht verbrachten. Dann weiter, dieses Mal in ein Dorf, in dem eine weitere Schwester meines Vaters lebte. Wir gingen zu Fuß, und jedes Mal, wenn wir Fahrzeuge auf der Straße hörten, versteckten wir uns, bis sie ganz nah an uns vorbeigefahren waren. Wir durchquerten circa fünfzehn Kilometer Wald, bis wir das Dorf meiner Tante erreichten. Als wir dort ankamen, sah ich eine größere Anzahl von Flüchtlingen aus Bratunac, die zum Teil vor den Häusern saßen, weil nicht genug Platz für alle vorhanden war. Wir blieben dort ungefähr eine Woche, bis mein Vater entschied, dass wir nach Srebrenica gehen sollten, da er im Radio gehört hatte, dass die Stadt frei sei. Wir zogen also weiter, dieses Mal mit circa dreißig weiteren Flüchtlingen, in Richtung Srebrenica. Wir mussten durch serbisches Territorium und versteckten uns in den Wäldern – es war eine sehr langsame Reise nach Srebrenica.

Mein Vater war in großer Sorge über den Verbleib seiner Eltern, die immer noch in jenem Dorf lebten, in dem ich meine gesamte Kindheit verbracht hatte. Wir hatten keinerlei Informationen. Als wir von ihrem Schicksal erfuhren, waren es die schlimmstmöglichen Nachrichten. Mein Großvater hatte sich umgebracht. Er hatte sich erhängt, als ihm zu Ohren gekommen war, dass wir alle in Bratunac ermordet worden seien und er unser schönes Haus in Flammen stehen sah. Das gesamte Dorf wurde von unseren Nachbarn, Serben, die bewaffnet ins Dorf eingedrungen waren, niedergebrannt. Einige Bewohner schafften es, in die Wälder zu flüchten. Mein Vater und meine Mutter fassten den Entschluss, von Srebrenica aus in unser Dorf zu gehen, weil dort Lebensmittel und Vieh von meinen anderen Großeltern zurückgeblieben waren. Diese lebten im Wald, gemeinsam mit jenen, die schon früher geflüchtet waren. Im Sommer folgte ich ihnen von Srebrenica in das Dorf – bzw. tatsächlich lebten wir den Sommer über in den Wäldern rings herum. Am Tage kroch ich los und musste mich oft verstecken oder durch ein Flussbett waten, um das Dorf zu erreichen. Unser Haus sowie alles drum herum war niedergebrannt. Ich pflückte ein paar Früchte und ging zurück in den Wald. Nachts arbeiteten wir auf unseren Feldern, Weizen und Mais waren erntereif, und wir versuchten, das Getreide in unseren Unterschlupf im Wald zu schaffen.

Ich erinnere, wie ich mit meinem Nachbarn Nurija gemeinsam einen Ochsenkarren führte, der mit Weizen und Mais beladen war. Wir bemühten uns verzweifelt, die Mühle zu erreichen, um Weizen und Mais zu mahlen, aber auf dem Rückweg sahen wir in Kragljivoda, dass eine Bombe das Postamt getroffen hatte und von überall Rauch aufstieg. Ich hatte wirklich große Angst und wollte mich sofort verstecken. Als kleiner Junge war ich oft in einem See in der Nähe geschwommen und wusste noch, dass dort ein Drainagerohr unter der Straße lag. Darin versteckte ich mich. Nurija weinte und bat mich, auf ihn zu warten. Ich wartete also auf ihn und den Ochsenkarren, und es dauerte lange, bis sie endlich erschienen. Dann gingen wir langsam durch den Wald zurück zu unserem Unterschlupf. Dort gab es auch einen unterirdischen Schutzraum, der uns vor dem häufigen serbischen Beschuss in Sicherheit bringen sollte.

Wir hatten einen Hund in unserem Unterschlupf, und wenn das Granatfeuer einsetzte, fing er an zu bellen. Wenn er weiter bellte, war das ein Zeichen dafür, dass eine Granate über uns hinwegflog. Wenn er aber mit dem Bellen aufhörte, hörten wir kurz daraufhin einen Granateneinschlag in unserer Nähe. Unser unterirdischer Bunker war während des Beschusses immer voller Menschen. Ich hatte die ganze Zeit große Angst. Wir lebten wie die Tiere; wir waren Vieh, das unser zerstörtes Dorf aus der Distanz betrachtete. Unser Leben im Dorf war wunderschön gewesen, doch dann kam der Krieg und alles zerfiel zu Asche – unsere Häuser, Bücher, Familienfotos, Kleider – alles, was wir besaßen. Als wäre unsere gesamte Welt untergegangen, und das Einzige, das uns blieb, war Hoffnung – die Hoffnung, vielleicht zu überleben.

Irgendwann wurde auch unsere Notunterkunft getroffen und brannte ab, der Hund wurde getötet, ein großer Teil des Viehbestands verletzt. Die Menschen flüchteten zu einem nahe gelegenen muslimischen Dorf und nahmen alles mit, was übrig geblieben war. Meine Mutter und mein Vater folgten der Menge, und ich war glücklich, dass sie diesen Angriff überlebt hatten. Zu diesem Zeitpunkt war ich nicht dort gewesen. Ich war bereits gemeinsam mit meinem Zwillingsbruder und meinem jüngeren Bruder nach Srebrenica aufgebrochen, weil wir dachten, dass es dort sicherer wäre. Bald darauf waren wir alle in Srebrenica wiedervereint.

Kapitel 4

Das Leben in Srebrenica

Von 1992 bis Juli 1995 lebten wir in Srebrenica unter furchtbaren Bedingungen. Wir hatten keinen Strom, kein Essen und keine Medikamente. Für mich war es extrem schwer, in dieser wirklich unmenschlichen Situation zu bestehen. Tagsüber las ich, nachts ging ich draußen spazieren. Im Winter, wenn die Nächte lang waren, war es noch schlimmer. Bis 1993 fühlte sich die freie Zone um Srebrenica herum noch ziemlich groß an, und ich konnte mit meinen Freunden in der Umgebung von Srebrenica herumwandern, wenn uns langweilig war. Anfangs lebten wir in der Wohnung meines Onkels. In dem großen Wohngebäude lebten erst nur wenige Menschen, und damals hatten wir auch immer mal wieder Strom und Lebensmittel, wenn auch wenig. Bald aber kamen immer mehr Flüchtlinge, und die Häuser und Wohnungen füllten sich schnell. Schließlich wurde der Strom endgültig abgestellt, und unsere Lebensmittelvorräte neigten sich ebenfalls dem Ende zu.

An einem Tag im Mai 1992 flogen Flugzeuge der Jugoslawischen Volksarme (JVA) über Srebrenica und warfen Bomben über der Stadt ab. Eine Bombe fiel auf einen Spielplatz in der Nähe unserer Wohnung, und alle Fenster barsten. Ich versteckte mich in einem der langen Flure des Gebäudes. Mit meinem Freund schaute ich später nach, wo genau auf dem

Spielplatz die Bombe gefallen war, und dort erblickte ich ein riesiges Loch im Asphalt. Von diesem Tag an machten mir alle Geräusche Angst. Ich versuchte mir einzureden, dass ich die Flugzeuge im Anflug rechtzeitig hören würde, aber das Gefühl der Unsicherheit blieb. Immer wieder fragte ich mich, warum sie Zivilisten in der Stadt angriffen – Kinder, Frauen, Ältere. Ich wusste, dass der Tod an jeder Ecke lauerte. Auch in meiner Familie gab es erste Opfer.

Gleich zu Beginn des Krieges wurde mein Onkel Sejdalija während eines Beschusses in Tuzla getötet. Es fiel uns allen extrem schwer, seinen Tod zu akzeptieren, wir hatten ihn so geliebt. Besonders meine Mutter, die verzweifelt um ihren Bruder trauerte. Ich erinnere mich an ihn als einen Menschen, der mich innig geliebt und der mir und meinen Brüdern bei seinen Besuchen in Sulice immer Süßigkeiten mitgebracht hatte. Er war stets fröhlich und hatte viele Späße mit mir ausgeheckt. Unser erster Fernseher im Haus war sein Geschenk an mich und meine zwei Brüder gewesen. Ich war damals so überglücklich darüber gewesen, insbesondere wegen der Zeichentrickfilme, die wir Kinder alle liebten. Als er umkam, war ich entsetzlich traurig. Ich konnte nicht begreifen, dass ich ihn in diesem Leben nie wiedersehen würde. Sein Tod hinterließ eine tiefe Narbe in meinem Herzen, und ich werde ihn nie vergessen.

Ein weiterer Tod, der mich schwer traf, war der von Doktor Nijaz. In Srebrenica hatte ich einen subkutanen Abszess im Gesicht und ging zu Doktor Nijaz, der ein improvisiertes Behandlungszimmer im Erdgeschoss seines Hauses eingerichtet hatte. Er gab mir Penizillin, obwohl er damals nur sehr wenig davon zur Verfügung hatte. Zu meiner Mutter sagte er, er wisse, dass wir noch Lebensmittelbestände aus Sulice hätten, und falls er einmal Bedarf haben sollte, würde er auf uns zählen. Doktor Nijaz reinigte die Wunde, danach ging es mir bald besser. Seit dem Flugverbot über dem Luftraum von Bosnien und Herzegowina für serbische Militärflugzeuge warfen die serbischen Paramilitärs mit kleinen, eigentlich in der Landwirtschaft eingesetzten Flugzeugen Bomben über Srebrenica ab. Sobald die Menschen den Lärm dieser Flugzeuge hörten, flüchteten sie in ihre Schutzräume. Eine dieser Fliegerbomben fiel auf das Dach einer alten, aus Holz erbauten Moschee, in der Doktor Nijaz seinen kleinen Krankenwagen untergestellt hatte. Er wurde bei dem Angriff getötet. Die Stadt verlor einen großen Mann und wunderbaren Arzt. Ich war tieftraurig, als ich erfuhr, dass er umgekommen war, weil ich wusste, was für ein großartiger Mensch er war und wie aufopferungsvoll er den Flüchtlingen in Srebrenica beigestanden hatte.

Im Jahr 1992 gab es noch nicht allzu viele Flüchtlinge in Srebrenica. Erst im darauffolgenden Jahr erreichten größere Menschmassen die Stadt; bis dahin waren fast alle Familien irgendwie untergekommen. Ich ging jeden Tag zur Quelle zum Wasserholen, und es gelang mir, ausreichend Feuerholz für die Wohnung herbeizuschaffen. Junge Menschen gingen abends sogar spazieren, der Gefahr trotzend, dass man jederzeit unter Beschuss geraten konnte. Die Jungen verabredeten sich zumeist im Park und in der Altstadt.

Vor dem Gebäude, in dem ich während der Belagerung von Srebrenica wohnte, sah ich eines Tages zwei nette Zwillinge, Sead und Suad, die Holz mit einem Fuchsschwanz sägten. Sie waren sehr dünn und schwach, und es war amüsant, sie dabei zu beobachten, wie sie die Handsäge ungleichmäßig durch das Holz bewegten. Beide wurden später sehr enge Freunde von mir, insbesondere Sead. Während der Belagerung spielte ich mit Sead in seiner Wohnung oft Schach. Der Vater der beiden war aus ihrem Dorf entführt und später getötet worden. Suad überlebte den Genozid von 1995, während Sead mit mehr als 8.000 anderen Bosniaken in Srebrenica getötet wurde – jenem Srebrenica, das als »UN Safe Haven«, also als Schutzzone der Vereinten Nationen, galt.

Ich hatte auch einen Freund namens Elvir, der sehr gut Akkordeon spielen konnte, und er behauptete immer, dass er, wäre der Krieg nicht ausgebrochen, bestimmt der beste Akkordeonspieler Jugoslawiens geworden wäre. Später schloss er sich dem Orchester von Srebrenica an, welches die Leute unterhielt. Ein anderer Freund von mir hieß Dževad, den alle Jerry nannten und der unglaublich schlau war. Wir konnten alle viel von ihm lernen, da er sehr viele Bücher las. Ein weiterer Freund, Samir, lebte in unmittelbarer Nähe meines Wohngebäudes; sein Vater wurde im Krieg getötet, seine Mutter und Schwester lebten in den Niederlanden, und so blieb er bei seinen Großeltern und seinem Onkel. Mit Samir und Dževad ging ich einmal nach Vidikovac, wo Samir einen kleinen Hof bewirtschaftete. Wir halfen ihm bei der Feldarbeit und scherzten dabei die ganze Zeit. Samir hatte einen kleinen batteriebetriebenen Radioempfänger, und wir hörten den Mariah Carey-Song »Without You« zum ersten Mal. Wir liebten diesen Song und sangen laut mit. Sead und ich wanderten sehr viel in der Umgebung von Srebrenica und in den umliegenden Dörfern, hielten nach Kirschen und Mädchen Ausschau und wollten uns so eigentlich die Zeit und die Langeweile vertreiben, da wir ja weder die Schule besuchen konnten, noch einer Arbeit nachgingen. Ich erinnere mich, wie ein Feuer in den Wäldern nahe der Altstadt von Srebrenica ausbrach und ich mit meinen Freunden dorthin eilte, um das Feuer zu löschen und so einen Beitrag zum Schutz der Stadt zu leisten.

Anfang März 1993 kam eine sehr große Zahl von Flüchtlingen nach Srebrenica, da die bosnisch-serbische Armee Kamenica, Cerska, Konjević Polje und andere umliegende Orte in der Gemeinde Srebrenica angegriffen hatte. Die Stadt war völlig überfüllt, und die Unterbringung der vielen Menschen wurde zu einem massiven Problem in der relativ kleinen Stadt. Das Gebäude, in dem ich lebte, füllte sich mit Flüchtlingen aus Bratunac, Vlasenica, Rogatica, Višegrad und Han Pijesak. Langsam lernten wir uns untereinander kennen und halfen uns gegenseitig. Ich erinnere sogar, dass ich auf eine Party für die Neuankömmlinge ging, wo auch getanzt wurde und junge Leute Ausschau nach potenziellen Partnerinnen und Partnern hielten.

Alle öffentlichen Gebäude wurden nun mit Flüchtlingen belegt, und neben meinem Gebäude gab es eine Grundschule, die bald auch voll mit Flüchtlingen war. Einige Flüchtlinge hatten ihr Vieh mit in die Stadt gebracht, und plötzlich konnten wir ein Kilo Fleisch für ein Kilo Mehl eintauschen. Das war die Zeit, in der wir sehr viel Fleisch aßen. Die Stadt war randvoll mit Menschen und Rindern, und es war unglaublich laut. Manchen gelang es nicht, ein Dach über dem Kopf zu finden, und so lebten sie unter freiem Himmel. Wenn es schneite, mussten die Leute nachts frieren bzw. machten Feuer am Straßenrand, um sich zu wärmen. Andere wurden in ausgebrannten Gebäuden untergebracht, um sich vor dem schlechten Wetter zu schützen. Es machte mich unendlich traurig, diese armen Flüchtlinge auf der Straße zu sehen. Kinder und Säuglinge schrien vor Kälte, während ihre Eltern kaum genügend Essen hatten, um sie zu versorgen – es brach mir das Herz.

In dieser Zeit war es nicht möglich, humanitäre Hilfe nach Srebrenica zu bringen, und die Bevölkerung stand kurz vor dem Hungertod. Die Menschen lebten ohne Essen, Medikamente, medizinisches Gerät und Utensilien für Säuglinge. Ich erinnere mich an das Baby unseres Nachbarn Bakir, der gegenüber von uns wohnte. Meine Mutter bat uns, der Mutter des Babys Apfelmarmelade für das Kind zu bringen, was wir natürlich auch taten. Mit diesen Nachbarn verband uns ein sehr enges Band, und wir teilten alles mit ihnen, was wir besaßen. Meine Familie hatte noch immer ein paar Restbestände von dem, was meine Eltern aus unserem Dorf gerettet hatten. Da wir im neunten Stockwerk wohnten, und der Wasserdruck häufig nicht hoch genug war, musste meine Mutter zwei Stockwerke hinuntergehen, um sich Wasser von den Nachbarn, die Roma waren, zu holen. Als sie einmal davon zurückkam, erzählte sie uns, dass sie die Nachbarin, eine Frau Namens Sevda, gefragt hatte, wo ihre Kinder seien. Die Nachbarin erzählte meiner Mutter, dass diese im Zimmer nebenan erschöpft im Bett lagen, extrem geschwächt, weil sie lange nichts gegessen hatten. Meine Mutter entschloss sich, auch diesen Nachbarn etwas von unseren Lebensmitteln abzugeben. Später stellte sich heraus, dass sie damit deren Leben gerettet hatte.

An unsere Tür kamen fast täglich Leute, die klopften und um Lebensmittel bettelten, da sie selber nichts hatten. Wir gaben ihnen immer etwas ab. Diese bettelnden Menschen hatten vor dem Krieg alles besessen, was sie für ein normales Leben benötigten. In Srebrenica wurden sie zu Flüchtlingen, die auf einmal nichts mehr hatten. Einige waren zutiefst beschämt, dass sie nun betteln mussten. Ich war so traurig, wenn ich ihnen Essen gab, dass ich nicht einmal in ihre Gesichter schauen konnte. Ich fragte mich, ob der Krieg jemals enden würde.

Kapitel 5

Das Leid geht weiter

Das Krankenhaus von Srebrenica füllte sich rasch mit Verwundeten. Es gab nicht genug Betten in den Zimmern, also legte man die Verwundeten auf die Korridore und Gänge, und von dort aus schrien sie um Hilfe. Auch die medizinische Versorgung war unzureichend, sodass die Patienten ohne Betäubungsmittel behandelt werden mussten – sogar bei Amputationen. Die Ärzte verabreichten den Patienten statt einer Anästhesie hausgemachten Pflaumenschnaps, um sie so vor der Operation betrunken zu machen. Immer wenn ich das Krankenhaus besuchte, konnte ich anschließend tagelang die furchtbaren Szenen nicht aus dem Kopf kriegen, weil es viele Patienten in meinem Alter gab, die unter furchtbaren Schmerzen litten.

Die tapferen Ärzte und das medizinische Personal gaben ihr Bestes, um den Leuten vor Ort zu helfen, aber das war unter den Bedingungen der Belagerung von Srebrenica äußerst schwierig. Menschen mit normalen gesundheitlichen Problemen trauten sich gar nicht zum Arzt, alle wussten, dass die Ärzte alle Hände voll zu tun hatten mit der Versorgung der Verwundeten. Und niemand beschwerte sich über seinen Gesundheitszustand, jeder versuchte einfach nur den Krieg irgendwie zu überleben. Die Menschen hatten fast nichts mehr zu essen. Sie dachten aber nicht an ihre körperlichen Schmerzen, der Schmerz in ihren Herzen war viel schlimmer. Einmal musste ich zum Zahnarzt, aber es gab eine lange Wartezeit. Ich musste sechs Monate auf meinen Termin warten, und als ich endlich dran war, vergaß ich, hinzugehen. Auch angesichts des Hungers, des Elends, der Tötungen und des Beschusses verloren die Menschen von Srebrenica nicht die Hoffnung auf eine bessere Zukunft – aber sie kam einfach nicht.

Direkt neben unserer Wohnung lebten zwei Familien. In der einen Familie gab es einen Mann mittleren Alters namens Smaila, der immer optimistisch blieb – anders sein Cousin Sejdalija aus der anderen Familie, der ein Pessimist war. Sejdalija behauptete immer, wir seien alle verloren, und es sei nur eine Frage der Zeit, bis die Serben, Milošević und die Jugoslawische Volksarmee, uns alle auslöschen würden.

Wir lebten unter einer Belagerung, während derer wir uns lediglich in einem Radius von neun bis zwölf Kilometern bewegen konnten. Mir kam es vor wie in einem Konzentrationslager. Nichts funktionierte, keine Schule, kein Geschäft, kein Essen, keine Freiheit. Unter solchen Bedingungen fiel es sehr schwer, positiv zu denken und optimistisch zu bleiben. Trotzdem glaubten viele Menschen, dass der Krieg bald ein Ende finden würde. Auch ich hoffte auf ein Wunder, darauf, dass ich bald aus diesem furchtbaren Alptraum erwachen und in Freiheit leben würde.

Zu Beginn des Krieges wurde Srebrenica von Flugzeugen der Jugoslawischen Volksarmee bombardiert, später, als ein Flugverbot über dem bosnischen Luftraum von der internationalen Gemeinschaft ausgesprochen wurde, fielen die Bomben aus kleineren Agrarflugzeugen, die in Bratunac abhoben. Diese Maschinen flogen sehr niedrig, warfen Granaten ab und feuerten mit Maschinengewehren auf die Stadt. Die Menschen gerieten dann in Panik, und viele flüchteten auf der Suche nach Schutz in das Gebäude, in dem ich wohnte, denn dort gab es noch aus Vorkriegszeiten einen Atomschutzbunker. Dieser war immer voll mit Menschen, die sich entsetzlich vor den Flugzeugen fürchteten. Viele Zivilisten fanden während dieser Bombardierungen den Tod oder wurden schwer verwundet.

Mehrmals am Tag hörten die Menschen Nachrichtensendungen. Ein Radio wurde an eine Autobatterie gehängt und am Fenster befestigt, darunter versammelte sich eine Gruppe und hoffte auf Nachrichten über die Befreiung von Srebrenica. Auch ich hörte oft Nachrichten, obwohl ich noch ein Junge war. Ich wollte mein Leben endlich genießen, also hörte ich die Nachrichten und hoffte auf Erlösung für mich, meine Familie und alle Menschen in Srebrenica. Ich erinnere mich an die enttäuschten Gesichter der Menschen, die nach den Nachrichten so etwas wie »wieder nichts« murmelten, dass also weiterhin keine Lösung bzw. Rettung in Sicht war. Fast täglich gab es Bombardierungen, bevor das Gebiet zur UN-Schutzzone erklärt wurde. Wir alle verließen das Haus nur noch in großer Angst und versuchten immer so schnell wie möglich, wieder nach Hause zurückzukehren. Ich erinnere mich noch genau an Silvester 1993/94. Wie alle anderen in Srebrenica auch hatte meine Familie fast nichts, um den Tisch zu decken und das Neue Jahr zu begehen. Gegen Mitternacht »gratulierten« serbische Paramilitärs den Bewohnern auf zynische Weise mit einem neuen, noch intensiveren Beschuss der Stadt. Ein Haus neben meinem Gebäude wurde getroffen. In meinem Gebäude schliefen zu diesem Zeitpunkt bereits alle und wachten vor Schreck auf. Es war ein unheilvoller Start ins neue Jahr.

Wie schon erwähnt, lebten wir im neunten Stockwerk eines großen Gebäudes; über uns wohnte eine große Familie, eine Großmutter mit zwei Söhnen und zwei Töchtern, und eine von diesen hatte wiederum zwei Kinder. Wenn die Großmutter die erste Granate hörte, konnten wir sie zu ihrer

Tochter rufen hören: »Lalo, bring die Kinder, wir werden alle sterben«, und das war für uns der Alarmruf und das Zeichen, dass wir uns irgendwo verstecken mussten, wo es »sicherer« war.

Das Leben in Srebrenica zu jener Zeit war schlimmer als im Gefängnis, weil wir jeden Tag beschossen wurden und infolge des Mangels an Nahrung und anderen notwendigen Dingen extrem erschöpft waren. Ich habe mir oft vorgestellt, endlich wieder einmal eine Coca Cola zu trinken – ein Geschmack, den ich fast vergessen hatte!

Wir hatten nun für mehr als ein Jahr ohne jegliche humanitäre Hilfe gelebt und auch ohne jedwede Möglichkeit der Körperpflege. Ich besaß weder Zahnpasta noch Zahnbürste, und mir war ein Zahn abgebrochen. Vielen Menschen mangelte es sogar an Kleidung oder Schuhen. Kleidung wurde aus Fallschirmstoff genäht und hölzerne Schuhe mit Gurten, ebenfalls von Fallschirmen, zusammengewerkelt. Es gab einen Schuster in einem kleinen Kiosk, der unsere Schuhe reparierte, und er hatte immer gut zu tun. Bezahlt haben wir mit Nahrungsmitteln.

Es gab sehr viel Ungeziefer, das über die asphaltierten Straßen in die Gebäude krabbelte, überall, rauf und runter, auf der Suchen nach Nahrung. Flöhe waren allgegenwärtig, haben sich in die Laken und Kleider eingenistet und bereiteten den Menschen große Probleme. Mein Onkel Hasan, der mit uns in der Wohnung lebte, ging wegen der Flöhe während des Fastenmonats Ramadan nicht zu den Abendgebeten in die Moschee. Er war ein äußerst gepflegter und ordentlicher Mensch. Obwohl die Menschen in Srebrenica unter derart extremen Bedingungen lebten, kaum noch Besitz hatten, versuchten viele, ihre Körperhygiene so gut es ging aufrechtzuerhalten, obwohl in manchen Häusern bis zu zwanzig Familien in einem Raum lebten und nur eine Toilette benutzten.

Die Menschen versuchten trotz des Krieges gepflegt auszusehen, besonders junge Leute führten abends beim Spazierengehen ihre schönsten Sachen aus. Sie gingen zum Frisör, um ihre Haare schneiden zu lassen, und bezahlten mit Lebensmitteln. Besonders Frauen, vor allem die jungen, bemühten sich, hübsch auszusehen. Die Menschen taten einfach so, als wären sie ganz woanders, das war der einzige Weg, zu überleben. Sie gingen aus, heirateten, Kinder wurden geboren; das Leben war in Srebrenica noch immer präsent.

Vor allem Menschen aus ländlichen Gegenden um Srebrenica besaßen zumeist noch ein paar Lebensmittel, andere hatten Kleidung und verschiedene Dinge aus ihren Häusern gerettet; all das wurde auf dem Marktplatz angeboten, der immer voll war. Warentausch war gang und gäbe, so wurden zum Beispiel Mehl, Zucker, Salz oder Öl für Kleidung und andere Sachen getauscht. Die Preise waren astronomisch – ein Kilogramm Salz etwa kostete hundert Deutsche Mark und später noch viel mehr. Die Leute gingen zum Markt, um Freunde und Nachbarn zu sehen, sich auszutauschen und Nachrichten aus den verschiedenen Teilen des Landes zu hören, aus denen immer neue Flüchtlinge eintrafen. Man konnte Gesang sowie Violinen und andere Musik dort hören. Mein Großvater tauschte oft Kleidung gegen Lebensmittel. Viele flanierten nur, um einen Blick auf das Essen, die Kleidung, Schuhe und Zigaretten zu werfen, ohne die Möglichkeit zu haben, etwas davon zu ergattern. Viele hungrige Menschen gingen dort spazieren und träumten vom Ende des Krieges, wenn sie all diese Dinge wieder für sich und ihre Familien zur Verfügung haben würden.

Während dieser Zeit ging mein Vater regelmäßig zu einer Gefechtsposition bei Kragljivoda in der Nähe unseres Dorfes Sulice, wo er als Wachposten eingesetzt wurde. Ich habe immer in großer Sorge auf ihn gewartet, da ich nicht wusste, ob ihm etwas zugestoßen war auf diesem sehr gefährlichen Posten, der ständig beschossen und angegriffen wurde. Mein Vater war nie ängstlich, weil er wusste, dass er mit diesem Einsatz seine Familie verteidigte.

Mein Vater sah während des Krieges ganz anders aus. Er trug alte Kleidung und lachte fast nie. Das machte mich traurig, denn ich wusste, wie gepflegt und glücklich er in seinem früheren Leben gewesen war. Er war das Oberhaupt unserer Familie, und er kümmerte sich darum, dass wir immer zu essen hatten und sicher waren. Er redete nie über das Haus, das er in Bratunac kurz vor Kriegsbeginn gebaut hatte. Alles, was er während seiner Arbeit in Kroatien verdient hatte, steckte in diesem Haus, und wir hatten es verlassen müssen, als der Krieg ausbrach. Vermutlich dachte er, dass nur noch unser Überleben zählte. Wenn wir alle überlebten, würden wir ein neues Haus bauen.

Nicht nur mein Vater war in Gefahr, wir alle waren es. Ich erinnere, wie die Hauptwasserleitung von Srebrenica von der BSA (bosnisch-serbische Armee) zerstört wurde und wir Wasser aus einer Quelle holen mussten. Meine Mutter ließ ich nie dorthin gehen, schließlich war ich jünger und schneller. Bei einer Gelegenheit ging ich mit meiner Nachbarin, einer Frau namens Hasna, zur Quelle Knjaževac, da das Wasser dort einen besseren Geschmack hatte. Dazu mussten wir über einen Kilometer durch die Stadt laufen. Als wir bei der Quelle ankamen, reihten wir uns in eine Schlange ein und warteten, bis wir an der Reihe wären. Plötzlich hörten wir Granatenexplosionen. Wir rannten sofort ins Erdgeschoss eines nahen, fast völlig zerstörten Gebäudes. Die Granaten schlugen ganz in der Nähe der Wasserquelle ein, und wir hatten furchtbare Angst. Als wir nach Hause kamen, waren unsere Familien in höchster Sorge.

Während wir bei der Quelle waren, fielen auch in der unmittelbaren Nähe unseres Gebäudes Granaten, und ein

Granatensplitter flog in unsere Wohnung, als mein Vater neben dem Sofa stand. Das Fenster ging kaputt, die Glassplitter fielen in einen Blumentopf. Mein Vater bückte sich ungerührt, um die Scherben aufzusammeln – er zeigte nie Angst vor den Granaten. Wahrscheinlich war diese Granate nichts im Vergleich zu dem, was er auf seinem Gefechtsposten bei Kragljivoda erlebte. Trotz des Beschusses musste ich täglich zur nahe gelegenen Wasserquelle gehen, und ich beeilte mich immer, so schnell wie möglich wieder nach Hause zu kommen.

Die Menschen versuchten verzweifelt, an Lebensmittel zu kommen; es gab keine humanitären Hilfsgüterkonvois, und alle waren dem Hungertod nahe. Die internationale Gemeinschaft entschied sich schließlich, Lebensmittel aus der Luft über Srebrenica abzuwerfen. Die Flugzeuge flogen abends, über den Wäldern nahe Srebrenica. Ich wagte mich hinaus, um nach den abgeworfenen Essenspaketen zu suchen, da meine Familie mittlerweile alle Reserven aufgebraucht hatte.

Mein Freund Elvir und ich entschieden uns gemeinsam, Lebensmittel suchen zu gehen. Als wir sahen, dass viele Menschen am Abend auf eine Anhöhe oberhalb der Altstadt hinaufstiegen, machten auch wir uns dorthin auf den Weg. So gelangten wir in den Wald, wo bereits viele auf die Abwürfe warteten. Ich suchte unter einem großen Baum Schutz vor den herunterfallenden Paketen, und als Elvir mich darunter entdeckte, machte er sich über mich lustig und nannte mich einen Angsthasen. Dann hörten wir erste Flugzeuggeräusche und sahen, wie Pakete, an kleinen Fallschirmen befestigt, zu jener Stelle im Wald, an der wir uns gerade befanden, niedersegelten. Ich vernahm auch den furchtbaren Knall eines Aufpralls eines Pakets, dessen Fallschirm sich nicht geöffnet hatte. Die Ladung war sicher mehrere Tonnen schwer, und der Lärm war grauenhaft. Dann sah ich, wie Elvir vor Angst zitterte und weinte, weil eine ungebremst aufschlagende

Ladung auch ihn treffen und töten könnte. In Anspielung auf meinen Versuch, unter der Baumkrone Schutz zu suchen, fragte ich ihn: »Wer ist nun der Angsthase?« Daraufhin kroch er neben mich unter die Baumkrone, aber sie bot nicht genügend Platz für uns beide. In diesem Moment, nur ein paar Meter von uns entfernt, traf eine schwere Fallschirmladung einen sechzehnjährigen Jungen und tötete ihn. Wir waren über seinen Tod so schockiert, dass wir nicht in der Lage waren, Lebensmittel mitzunehmen. Elvir war am Rande eines Nervenzusammenbruchs und versicherte mir, dass er nie wieder nach Essen suchen werde.

Ich erinnere, wie ich einmal nachts am anderen Ende der Stadt auf eine Anhöhe namens Bibići hinaufstieg, wo wir auf Lebensmittelpakete warteten, ich aber keines erwischte, weil so viele andere vor mir waren. Es waren sicherlich einige Tausend Menschen dort. Am nächsten Tag ging ich ans andere Ende des Waldes. Wieder wurden Pakete abgeworfen, und wieder öffneten sich nicht alle Fallschirme rechtzeitig. Wenn diese Pakete auf dem Boden aufschlugen, zerschellten sie vollständig. Ich sah Käsereste in den Bäumen hängen. Vor dem Anflug der Flugzeuge warteten Tausende Menschen auf die Abwürfe, und es wurde sogar ein Lagerfeuer entzündet, damit man sich ein bisschen wärmen konnte. Ich vernahm das Lachen der Leute, genauso wie das große Elend und die große Trauer. Leider schaffte ich es auch in dieser Nacht nicht, an Essbares heranzukommen.

Kapitel 6

Die Ankunft der Vereinten Nationen

Zwischen Anfang März und Anfang April 1993 verfiel die Stadt in totale Agonie. Immer mehr Flüchtlinge kamen aus Kamenica, Cerska, Konjević Polje und Osatica an. Die freie Zone von Srebrenica wurde für die über 60.000 Flüchtlinge nun endgültig zu eng. Zudem erwarteten wir jeden Tag, dass die Stadt angegriffen wurde. Eines Tages ging ich zu Elvir, dem Akkordeonspieler. Bei ihm zu Hause war Ibro, ein weiterer Freund von uns, der sehr gut singen konnte. Wir versuchten zumindest für einen Moment, nicht an die katastrophale Lage in der Stadt zu denken. Die Menschen in Srebrenica hatten das Leben so satt. Man konnte den Hunger, die Armut und das Elend an jeder Ecke sehen.

Ich erinnere mich an eine Radiosendung, in der die Erklärung Srebrenicas zur »UN-Schutzzone« durch den UN-Sicherheitsrat übertragen wurde. Die Menschen brachen damals in lauten Jubel aus: »Wir sind gerettet!« Die Nachricht verbreitete sich in Windeseile in der gesamten Stadt – endlich gute Nachrichten! Am 12. März 1993 erreichte der französische General Philippe Morillon mit einer Eskorte die Stadt. Er war der Oberbefehlshaber der UN-Streitkräfte für Bosnien und Herzegowina. Ich zog mit mehreren Tausend Flüchtlingen vor das Postamt, wo er untergebracht war. Als er versuchte, die Stadt wieder zu verlassen, hinderten ihn die Flüchtlinge daran, sodass er vor die Menge trat und UN-Schutz für Srebrenica versprach. Alle applaudierten dem ranghohen UN-Repräsentanten dafür.

Ich war überglücklich und glaubte wirklich, das sei die Rettung. Dann reiste Morillon wieder aus Srebrenica ab, ließ jedoch einen Teil seiner Entourage und die UN-Fahrzeuge als Garantie dafür zurück, dass er die Menschen von Srebrenica nicht im Stich lassen würde. Und trotzdem verschlechterte sich die Situation in der Stadt in den folgenden Tagen weiter. Am 16. April, vier Tage nach einem blutigen Massaker auf dem Spielplatz vor der Schule, erklärte der UN-Sicherheitsrat Srebrenica offiziell zur Schutzzone der Vereinten Nationen.

Mich erfüllten diese Nachrichten, wie alle anderen notleidenden Menschen in Srebrenica, mit Zuversicht und Hoffnung. Doch an diesem und auch dem darauffolgenden Tag setzten die Streitkräfte von Ratko Mladić und Radovan Karadžić die Angriffe auf die Stadt fort, und es sah so aus, als würde Srebrenica jeden Moment fallen. Zum Glück konnte sich die Stadt militärisch verteidigen, und die Nachricht, dass die Stadt nun UN-Schutzzone war, beruhigte die Leute ein bisschen.

Am 12. April 1993 erfuhr ich aus dem Radio davon, dass General Philippe Morillon zu Besuch in der Stadt war. Seit Tagen stand die Stadt unter so intensivem Granatenbeschuss, dass ich tagsüber das Haus gar nicht mehr verlassen konnte. Aber an diesem Tag entschieden meine Freunde und ich, auf den Spielplatz zu gehen, um Fußball zu spielen. Wenn sich Morillon in der Stadt aufhielt, so dachten wir, würde die Stadt nicht beschossen werden.

Wir kamen also zum Spielplatz und wollten sofort loslegen, aber die älteren Jungs wiesen uns zurecht, wir müssten warten, bis sie fertig seien. Anschließend könnten wir mit einem Team gegen den Sieger der laufenden Partie antreten. Auf einmal hörte ich Explosionen in der Nähe des Ortes

Zalazje, und einer meiner Freunde, Samed, warnte uns, die Granaten könnten jederzeit auch auf dem Spielplatz, wo wir uns grade befanden, einschlagen. Wenige Minuten später sah ich ungefähr fünf Meter vor mir nur noch schwarzen Rauch und wurde ohnmächtig. Als ich wieder zu mir kam, lagen die größeren Jungs verstümmelt auf dem Spielplatz, ohne Köpfe, Arme oder Beine. Der Zaun war voller Blut, zerfetzten Körperteilen und Haaren. Ich ging ein paar Schritte in Richtung Bordstein, geduckt, um mich vor weiteren Granaten zu schützen. Dann stand ich auf und rannte, so gut es ging, zu einem nahe gelegenen Haus auf einer Anhöhe. Ich betrat das Erdgeschoss des Hauses, auch dort befanden sich überall schwer verwundete junge Menschen. Durch das Fenster blickte ich auf das Spielfeld und sah noch mehr junge Menschen am Boden liegen. Sie waren wohl alle tot.

Bald darauf erschien ein unbegleiteter Transporter von Philippe Morillons Eskorte, und ein Soldat fing an, die Verwundeten aufzuladen. Zivilisten halfen ihm dabei. Später kehrte ich in meine Wohnung zu meiner Familie zurück. Alle hatten befürchtet, ich sei bei dem Angriff ums Leben gekommen und waren nun überglücklich, als sie mich auf der Türschwelle sahen. Auf dem Spielplatz hatte es vierundsiebzig Opfer gegeben, hundert weitere junge Menschen waren verletzt. Fortan hatte ich noch mehr Angst vor Granaten als zuvor. Immer, wenn ich Granatenbeschuss hörte, versteckte ich mich in der Wohnung unter dem Tisch.

Am selben Tag, an dem ich den Beschuss auf dem Schulspielplatz überlebt hatte, ging ich nachts wieder raus in den Wald, um nach Essen Ausschau zu halten. Ich fragte meinen Freund Adis, der an diesem Tag auch verwundet wurde, ob er mich begleiten wollte, und gemeinsam machten wir uns auf den Weg. Als es dunkel wurde, kletterten wir auf eine Anhöhe über Srebrenica und warteten dort wieder auf die Flugzeuge mit Essenspaketen. Nach ein paar Stunden

Warten vernahmen wir endlich, dass aus den Fliegern die Ladungen abgeworfen wurden. Wir liefen in die Richtung, wo die Pakete auftrafen. Dieses Mal erblickte ich eine Palette mit Lebensmitteln in meiner Nähe, und ich rannte darauf zu. Als ich sie erreicht hatte, fing ich an, das Paket aufzureißen, doch eine Frau neben mir war so ungeduldig, dass sie mich wegstoßen wollte. Ich versicherte ihr, da wir hier ja nur zu dritt seien, werde es sicher für alle reichen. Meine Worte besänftigten sie, und sie verließ die Stelle mit ihrer Ration.

Adis und ich nahmen jeweils ein Paket mit und rannten den Berg hinab, weil wir Angst hatten, dass wir überfallen werden könnten. Der Schnee lag noch hoch, und ich erinnere, wie ich steckenblieb und mich mein Freund aus dem Schnee herausziehen musste. Wir marschierten bis zum Morgengrauen, bis wir endlich das Gebäude, in dem wir beide lebten, erreichten. Wir waren völlig durchnässt und unterkühlt, doch das machte uns nichts aus – endlich brachten wir Essen für unsere hungernden Familien mit.

Die Nachricht, dass die UNPROFOR (United Nations Protection Force) am 18. April 1993 in die Stadt kommen würde, verbreitete sich wie ein Buschfeuer. Auch ich wollte ihre Ankunft unbedingt mit eigenen Augen sehen. Alle waren erleichtert, dass endlich jemand kommen sollte, um die Notleidenden zu retten. Der Schulhof war voller Waffen, die in Übereinkommen mit dem Demilitarisierungsabkommen der Stadt abgegeben worden waren. Die Soldaten atmeten auf, ihre Waffen Kräften in die Hände legen zu können, die die Menschen ordentlich beschützen würden. Am Eingang der Stadt sah ich ein von der UNPROFOR errichtetes Schild mit der Aufschrift »Demilitarisierte Zone« und dem Zusatz »Niemandem ist es erlaubt, Waffen zu tragen oder militärische Handlungen vorzunehmen«. Überglückliche Menschen übergaben ihre Waffen den UN-Kräften, in dem festen Glauben und der Hoffnung, dass diese sie fortan beschützen und den Krieg beenden würden.

Auch im kanadischen Lager sah ich Panzer und Waffen, die dem Feind abgenommen worden waren und nun den UN-Kräften übergeben wurden. Häufig beobachtete ich die UN-Soldaten dabei, wie sie jungen Männern ihre Waffen abnahmen. Mein Vater wurde aus dem Wehrdienst entlassen, und er blieb fortan mit uns in der Wohnung – bis zum Fall von Srebrenica. Ihn bei uns zu haben, fühlte sich gut an, weil er zuvor wegen seines Dienstes an der Front oft und lange abwesend war. Als die Männer all ihre Waffen an die UN übergeben hatten, glaubten wir, dies wäre das Ende des Krieges für uns alle. Dass die UN alles tun würde, uns zu beschützen, falls die Stadt wieder angegriffen würde. Wir alle lebten in dem Glauben, dass wir, sobald der Krieg auch im Rest des Landes beendet würde, Srebrenica in Freiheit verlassen konnten.

Das kanadische Bataillon hatte sich in einer ehemaligen Fabrik namens Vezionica einquartiert, am Stadtrand, und dort sah ich zum ersten Mal weiße Militärfahrzeuge mit Raketenwerfern und anderem schweren Gerät, das darauf montiert war. Eines Tages sah ich auf dem Schulspielplatz kanadische UNPROFOR-Soldaten, die betrunken am Boden lagen. Diese Szene bestürzte und überraschte mich. Würden uns diese Soldaten auch wirklich verteidigen?

Einmal ging ich gemeinsam mit meinen Freunden in das Lager des kanadischen Bataillons. Dort hielten sich immer viele Kinder auf, die versuchten, von den Soldaten etwas Süßes zu erhaschen. Manche brachten Alkohol mit, um ihn gegen etwas Essbares einzutauschen. Irgendjemand überreichte einem kanadischen Soldaten eine Flasche Kognak, und zu meinem Erstaunen fing dieser gleich an, daraus zu trinken. Bald darauf war er ziemlich betrunken. Wir begannen ein Spiel mit diesem Soldaten und machten uns über ihn lustig: Wir stützten ihn auf den aus Sandsäcken improvisierten Schutzwall, an dem er eigentlich Wache stehen sollte. Er war so besoffen, dass er nicht einmal mehr für ein paar Sekunden gerade stehen konnte und jedes Mal zu Boden klappte, woraufhin wir in lautes Gelächter ausbrachen. Wir richteten sein Gewehr und seinen Helm und hielten ihn aufrecht. So spielten wir eine Weile mit ihm, bis wir plötzlich einen lauten Schrei aus dem Lager hörten. Ein Soldat rannte direkt zum Tor in unsere Richtung, wahrscheinlich ein höherer Offizier, und er trug eine Waffe in seiner Hand, also rannten wir schnellstmöglich weg.

Nachdem Srebrenica zur UN-Schutzzone erklärt worden war, intensivierte man die Hilfslieferungen auch über den Landweg. Ich freute mich immer sehr auf die Konvois, bedeuteten sie doch das Überleben für die Menschen in Srebrenica. Ich rannte ihnen entgegen und begleitete sie bis zum Stadtzentrum – ich war glücklich. Auf den Straßen begrüßten viele Menschen die Lebensmittelkonvois, und zum ersten Mal seit langer Zeit sah ich lachende Gesichter. Ich erinnere mich an Kinder, die vor Glück laut schrien, wenn sie einen Konvoi kommen sahen. War der Konvoi klein, bedeutete es, dass weniger Nahrung gebracht wurde. War er groß, gab es mehr zu verteilen.

In meinem Stadtteil Panđurište wurde ein offizielles Verteilungszentrum von den Behörden aufgebaut, in dem das Personal die Hilfslieferung austeilte. Die weißen Mäntel waren immer ganz staubig vom Mehl, und die Menschen standen Schlange, um die Hilfslieferungen abzuholen. Ich erinnere mich an Fetakäse, Dosenfleisch und -fisch. Frisches Gemüse oder Obst gab es nicht. Wir erhielten nur Lebensmittel, die fürs Überleben notwendig waren. Salz wurde leider auch keines ausgegeben, also aßen wir ungesalzenes und fades Essen. Einmal tauschte Elvir mit mir ein bisschen Salz gegen Zahnpasta, die ich noch irgendwo hatte. Salz, das meine Familie so dringend brauchte. Wir hatten etwas Linsen, und meine Mutter machte daraus eine anständige Mahlzeit. Sie backte Brot oder manchmal auch Pastete aus Kartoffeln. Zum ersten Mal seit Kriegsbeginn gab es für meine Familie wieder anständige Mahlzeiten. Wenn auch ohne Obst oder Gemüse.

Kaffee ist eine ganz große Sache in Bosnien und Herzegowina, und in Srebrenica gab es während des Krieges keinen. Besonders während des muslimischen Bairam-Festes, zu dem immer viel Essen aufgetischt wurde, war es schwierig. Meine Mutter wusste sich ganz gut zu helfen und bereitete Kuchen und andere Mahlzeiten zu, um die Tage ein bisschen festlich zu gestalten. Wir sprachen oft darüber, welches Essen wir vor dem Krieg hatten und dass uns nicht bewusst gewesen war, wie glücklich wir waren, in unserem Dorf leben zu können, wo wir alles, was wir brauchten, zur Verfügung hatten. Es war traurig, meinen Eltern dabei zuzuhören und ich fragte mich, ob wir jemals zu dem zurückkehren würden, was wir früher einmal hatten.

Einmal dachte ich sogar daran, aus Srebrenica zu fliehen. Als Lastwagen Ende März 1993 humanitäre Hilfsgüter nach Srebrenica brachten, stiegen viele Menschen in die Lkw des UNHCR (das Flüchtlingswerk der Vereinten Nationen), um damit nach Tuzla zu gelangen. Ich stand gerade vor dem größten Geschäft der Stadt, und um mich herum herrschte Chaos. Tausende versuchten, auf die Lkw zu steigen, aber nur den schnellsten und kräftigsten unter ihnen gelang es. Als die Lkw das zweite Mal in die Stadt kamen, dachte ich, ich könnte einer von denen sein, die mitfahren. Da wir aber dazu keine Übereinkunft in meiner Familie getroffen hatten, ließ ich es sein. Im Laufe dieser Evakuierungen verließen ungefähr 10.000 Flüchtlinge Srebrenica in Richtung Tuzla. Die meisten von ihnen hatten Familien in Tuzla.

Kapitel 7

Das Leben unter UN-Schutz

Ende Januar 1994 erreichte das niederländische UNPROFOR-Kontingent Srebrenica und bezog in der Batteriefabrik in Potočari und in der früheren kanadischen Basis in Srebrenica Quartier. Die Niederländer benötigten Übersetzer, also ging ich nach Potočari und wartete mit insgesamt circa zwanzig Personen vor dem Eingang. Die ganze Zeit über behielt ich eine nahe gelegene Anhöhe im Auge, auf der der Feind lauerte. Die Niederländer baten uns in die Fabrik und interviewten uns. Leider wählten sie mich nicht aus, wahrscheinlich war ich zu jung mit meinen siebzehn Jahren. Die Niederländer ahndeten es strenger, wenn Menschen gegen das Waffenverbot verstießen, und oft beobachtete ich, wie niederländische Soldaten aus Militärfahrzeugen ausstiegen und Personen verfolgten, die Waffen trugen. Ich ging zu ihren Kontrollpunkten und in ihre Basis, um meine Englischkenntnisse zu verbessern. Ich verlangte nie etwas, und bekam auch nichts von ihnen zu essen. Ein paar niederländische Schimpfwörter, mit denen man Kinder erschrecken konnte, schnappte ich auf. Es wirkte, als ob einige niederländische Soldaten auf uns herabblickten, uns für abscheuliche Menschen hielten, aber das galt natürlich nicht für alle.

Sie sahen aus wie männliche Fotomodelle mit ihren modernen Haarschnitten und ihren eleganten Sonnenbrillen, sie rochen nach Parfum, und fast hatte man den Eindruck, sie machten Urlaub. Einmal ging ich mit meinem Freund Dževad in der Nähe der niederländischen Basis spazieren, als er mir davon erzählte, was ihm sein Vater von Ruanda berichtet hatte: dass die UN-Truppen die Menschen nicht beschützt hätten. Nun hatte er Angst, dass uns Ähnliches auch in Srebrenica drohte. Was er damals erzählte, wirkt bis heute bei mir nach, da sich herausstellen sollte, dass auch das niederländische Bataillon Srebrenica schutzlos zurücklassen würde.

Als Srebrenica UN-Schutzzone war, wurden Englisch- und Deutschkurse organisiert. Ein Mann namens Meho aus Nova Kasaba unterrichtete im örtlichen Feuerwehrhaus Englisch, und ich schrieb mich sofort in den Kurs ein. Ich erinnere mich noch an die erste Sitzung, »My Tailor is rich« (Mein Schneider ist reich), die ungefähr dreißig Leute besuchten. Alle haben die Wörter falsch ausgesprochen, und Meho korrigierte uns mit einem Lächeln im Gesicht, sodass wir alle unseren Spaß hatten. Ich bezahlte die Kursteilnahme mit Zucker; fast niemand hatte mehr Bargeld, ohnehin waren Lebensmittel inzwischen wichtiger und wertvoller als Geld. Leider fand der Kurs nur etwas länger als einen Monat statt, danach versuchte ich, mir Englisch selbst beizubringen. Kurz darauf bot ein Mann namens Mohammed, ein Offizier der jugoslawischen Volksarmee in Zagreb, einen weiteren Englischkurs an, und ich besuchte auch diesen. Es gab zwei Gruppen, mein Zwillingsbruder war in der einen und ich in der anderen, und wir waren die jeweils besten Schüler unserer Gruppe.

Während des Krieges wandten sich viele Menschen Gott zu, vor dem Krieg hatten sie entweder nicht die Zeit dazu gefunden oder waren einfach nicht in der Lage gewesen. In meinem Dorf Sulice hatte ich den Religionsunterricht besucht, und während des Krieges, in Srebrenica, nahm ich an einem Kurs teil, in dem ich das arabische Alphabet lernte. Nun konnte ich auch den Koran lesen. Ich überzeugte auch meinen Freund Sead, den Kurs zu besuchen, und trieb ein altes Exemplar des Koran für ihn auf. Am Ende fand eine Hatma statt, eine Abschlusszeremonie des Kurses, geleitet von unserem Lehrer, dem Imam Mevludin. Die Zeremonie fand in der Hauptmoschee statt und wurde von vielen Menschen besucht. Wir waren stolz, den Kurs erfolgreich abgeschlossen zu haben.

In der Hauptmoschee wirkte auch der gelehrte Imam Sulejman aus Nova Kasaba. Während der Freitagsgebete musste er oft zwei Gottesdienste nacheinander anleiten, da so viele Menschen zum Eingang strömten und lange Schlangen bildeten, um seinen weisen Worte zu lauschen. Trotz Krieg und Hunger konnte man in Srebrenica während des Fastenmonats Ramadan spüren, wie sich die Menschen dem Gebet hingaben und sich bemühten, besseres Essen zu organisieren, trotz aller Widrigkeiten der Zeit.

Weil die Stadt keine Stromversorgung mehr hatte und wir in einem Belagerungszustand lebten, war auch die Schule bis 1994 geschlossen. Es fiel mir wirklich schwer, mir die Zeit ohne konkrete Aufgaben und Abläufe zu vertreiben. Oft ging ich mit Freunden in und vor der Stadt spazieren, wenn diese nicht gerade beschossen und angegriffen wurde. Dževad, den wir alle Jerry nannten, unterhielt uns mit seinen Witzen und Geschichten aus all den Büchern, die er gelesen hatte. Abends sangen wir oft laut und träumten von einem besseren Leben. Wir gingen auch oft zu Samir nach Hause, einem weiteren Freund. Er lebte gemeinsam mit seinem Großvater und seinem Onkel, da sein Vater im Krieg umgebracht worden war und Mutter und Schwester in den Niederlanden lebten. In seinem Haus hörten wir Beatles-Musik, Samir und Jerry spielten dazu Gitarre, manchmal E-Gitarre. Dafür schwang ich mich auf ein Fahrrad und strampelte, um Strom zu erzeugen. Zum Gitarrespielen fehlte mir das Talent, also sang ich oder sorgte für den Strom. Oft nahmen wir englischsprachige Songs auf und wenn wir uns diese hinterher anhörten, machten wir uns übereinander lustig.

Nachdem Srebrenica zur UN-Schutzzone erklärt wurde, ließ sich eine schwedische Hilfsorganisation in der Stadt nieder. Die Organisation sanierte das Mittelschulgebäude und baute ein Flüchtlingslager in Slapovići auf. Nach der Entwaffnung fing mein Vater an, für die Schweden zu arbeiten, und baute Holzhäuser in Slapovići. Einmal haben uns Schweden in unserer Wohnung besucht, und Mutter bereitete ein Mittagessen für sie zu. Ich erinnere, dass sie uns Geschenke mitbrachten. Ich bekam damals eine neue Bluejeans und ein Hemd. Als ich Hemd und Hose anzog und damit nach draußen ging, hatte ich das Gefühl, dass sich alle nach mir umdrehten.

Meine Mutter kochte Kaffee für die Schweden, und mein Onkel beugte sich im Sitzen zu der Tasse, da diese randvoll war, und er den Kaffee aufrecht sitzend wahrscheinlich verschüttet hätte. Die Schweden taten es ihm nach, was zu großem Gelächter führte. Sie dachten wohl, dass es ein lokaler Brauch sei, so Kaffee zu trinken. Wir erklärten ihnen, dass dies nicht der Fall war. Mehrere Male besuchte ich die Baustelle in Slapovići; es lebten ungefähr dreitausend Flüchtlinge in diesem Lager.

Während der Belagerung von Srebrenica verminte der Feind den großen Wasserspeicher, aus dem die Stadt versorgt wurde. Dies verursachte riesige Probleme bei der Wasserversorgung. Daher wurden einige neue Brunnen, die Wasser aus einem alten Wasserspeicher abzapften, für die Bevölkerung installiert. Dort war immer viel los, da die Flüchtlinge in den Brunnen ihre Wäsche wuschen und dort auch Wasser holten. Mein Vater war in die Wiederinbetriebnahme des alten Wasserspeichers involviert. Ich erinnere mich an riesige

Wasserlachen neben diesen Brunnen, voller billiger, furchtbar riechender Seife aus den humanitären Hilfslieferungen.

Bis 1994 konnte ich nicht zur Schule gehen, da diese durch die Angriffe schwer in Mitleidenschaft gezogen war. Im September 1994, als die Schule von der schwedischen Hilfsorganisation saniert wurde, begann der Unterricht wieder. Die Schule sah aus wie eine alte Baracke, mit Sandsäcken in den Fenstern und vor dem Eingang, um die Schüler, so gut es ging, vor Angriffen zu schützen. Zunächst aber musste ich eine Eingangsprüfung absolvieren, die aufgrund des hohen Andrangs an Bewerbern eingeführt wurde. Zur Auswahl standen lediglich zwei berufsbildende Klassen, für Mechaniker und Elektrotechniker. Deswegen auch die große Zahl an Bewerbern bzw. die Eingangsprüfung. Ich musste mich also auf einen Mathematiktest vorbereiten. Leider hatte ich zwischenzeitlich fast alles vergessen, was ich über Mathematik gelernt hatte, meinem Zwillingsbruder Husein ging es genauso. Unser jüngerer Bruder Omer jedoch ging in die 7. Klasse und war Klassenbester in Mathe. Also bereitete er uns auf die Prüfung vor. Während der Prüfung schaute einer der Lehrer, Zikret, auf meinen Prüfungsbogen und sah, dass ich auf ganz gutem Weg war, die schwierigen Prüfungsaufgaben zu lösen. Doch er deutete auch an, dass ich mich noch mehr bemühen müsste, um den Test erfolgreich abzuschließen. Das verstand ich als einen Hinweis darauf, dass ich meine Berechnungen überprüfen sollte. Das tat ich auch, und es hat mir wohl geholfen, den Test zu bestehen. Leider gelang dies meinem Zwillingsbruder Husein nicht. Er besuchte zunächst einen Schmiedelehrgang, aber da wir Zwillinge waren, ließ der Schulrat ihn schlussendlich in meiner Klasse zu.

Schule war für uns alle wieder Neuland, morgens mussten wir uns in einer Reihe aufstellen, bevor wir hineingehen durften. Der Schulleiter, Nesib Mandzić, war sehr streng: Manche Schüler schickte er zum Haareschneiden, andere, die auf der Toilette rauchten, bestrafte er. Wer auf die Schulbänke kritzelte, wurde ebenfalls bestraft. Die Sünder wurden zum Gespräch mit ihm zitiert und mussten anschließend die Bänke putzen.

Viel Stoff stand auf unserem Lehrplan, und die Lehrer drückten kein Auge zu. Wir hatten Computerunterricht, der von meinem Cousin, Adem Dautbašić, der oft bei uns zu Hause war, gegeben wurde. Einmal waren mein Bruder und ich nicht auf eine mündliche Prüfung vorbereitet, und ich bat meinen Bruder, draußen vor der Klassentür auf Adem zu warten und ihn zu fragen, ob er uns verschonen würde. Adem notierte sich etwas ins Klassenbuch und begann die mündliche Prüfung ausnahmsweise alphabetisch von hinten, also mit jenen Schülern, deren Namen am Ende des Klassenbuchs standen. Die Schüler staunten, warum der Lehrer plötzlich von hinten die Namen aufrief. Mein Bruder und ich dachten uns unseren Teil und lachten innerlich. Leider konnten wir das Schuljahr wegen der Angriffe auf Srebrenica im Juni 1995 nicht beenden.

Gegen die Langeweile half vielen Menschen in Srebrenica das Schachspiel, und es gab sogar ein Turnier für die besten. Mein Cousin, Zijad Dautbašić, war nur fünfzehn Jahre alt, als sein Bruder Adem ihm die Spielregeln erklärte. Zijad las sich auch verschiedene Strategien an. Er war nur ein Schuljunge, erreichte aber das Finale des Turniers, in dem er auf einen Bergarbeiter traf, der schon jahrzehntelang Schach spielte. Zijad behauptete, dass er seinen Finalgegner sogar mit dem Rücken zum Schachbrett besiegen würde – und gewann tatsächlich. Der Bergarbeiter war darüber, dass ihn ein kleiner Schuljunge mit zugewandtem Rücken besiegt hatte, so wütend, dass er vor Wut das Schachbrett vom Tisch fegte. Darüber redete fast die ganze Stadt.

Um die Menschen mental halbwegs zu stützen, wurden auch Kulturveranstaltungen, wie zum Beispiel Volkstanzabende, organisiert. Diese Abende begannen mit der Nationalhymne von Bosnien und Herzegowina, dann spielte das Orchester, in dem Elvir Akkordeon spielte. Mädchen und Jungen kleideten sich in traditionellen bosniakischen Trachten und tanzten im Kreis. Diese Veranstaltungen wurden nahezu von der gesamten Einwohnerschaft besucht, und der Platz vor dem Kulturhaus war immer brechend voll.

In Srebrenica gab es keinen Strom, und so nutzte man einen kleinen Traktor, um Strom für einen Diskothekenabend zu erzeugen, aber nicht alle konnten hineingelassen werden. Der Eintritt kostete zwei Zigaretten. Ich kam nie rein, da ich nie Zigaretten besaß, aber mein Bruder schaffte es. Bei solchen Sachen war er mir einfach voraus. Er konnte sogar Gitarre spielen und wurde Teil einer Band, die seine Freunde gründeten.

Während der Belagerung beziehungsweise in der Zeit, als die Stadt UN-Schutzzone war, gründeten viele junge Menschen in Srebrenica Musikbands und probten im großen Saal des örtlichen Kulturhauses. Einmal besuchte ich ein Konzert solch einer Band, sie spielte Hits aus dem ehemaligen Jugoslawien. Die Veranstaltung war gut besucht, so viele Menschen sehnten sich nach Musik und nach Leben.

Ein ehemaliges Café wurde mithilfe eines Fernsehers zu einem improvisierten Kino umgewandelt. Diverse Genres waren im Repertoire, die Videokassetten wurden von den Bewohnern gespendet, Eintritt wurde mit Mehl und anderen Lebensmitteln gezahlt. Wer es nicht hineinschaffte, bohrte Löcher in die Plastikabdeckungen der Fenster und sah von draußen zu. In einigen Häusern gab es auch Privatvorführungen. Bestimmte Filme schaute ich wieder und wieder mit meinen Freunden.

Im Sommer 1994 befand ich mich gemeinsam mit einer größeren Menschengruppe auf einer Anhöhe über Srebrenica. Dort hatte es jemand geschafft, einen Fernseher an einen Akku anzuschließen, da es unten in der Stadt keinen TV-Empfang gab. Wir versammelten uns um das Zelt herum, um die Fußballweltmeisterschaft anzusehen. Dabei standen wir im Visier der bosnisch-serbischen Armee, die auf einer nahe gelegenen Anhöhe stationiert war. Auf der anderen Seite der Stadt erkannte ich noch eine weitere Gruppe, die sich ebenfalls um ein Zelt versammelt hatte, um die Weltmeisterschaft zu verfolgen.

Trotz all der Tötungen, des ständigen Beschusses und anderer Horrorszenarien des Krieges dachten die Menschen in Srebrenica nicht über Krankheiten nach. Sie dachten nur daran, wie sie ohne ausreichend Lebens- und andere Mittel überleben konnten. Niemand redete über Blutdruck, Diabetes oder andere Beschwerden, man sprach nur über den Hunger. Wir waren alle abgemagert und bleich. Viele in der Stadt glaubten, der Feind habe Salzlieferungen verboten, um die Gesundheit der Menschen systematisch zu ruinieren, besonders von uns jungen Leuten. Als strategisches Ziel sozusagen.

In den beiden Sommern 1993 und 1994 gab es eine Veranstaltung, die ich immer besuchte. Dort wurden Wettbewerbe in vielen Sportarten veranstaltet, wie zum Beispiel Fußball, Ringen, Laufen und Kugelstoßen. Umrahmt wurden die Wettkämpfe von Liedern, gesungen von Menschen, die Sevdalinkas oder andere Volkslieder kannten, begleitet wurden sie vom Orchester. Diese Veranstaltungen zogen die gesamte Stadt an, alles Menschen, die verzweifelt Unterhaltung suchten. Das Leben unter Belagerung war extrem schwer, ohne Strom, Arbeit, Schule, Essen und all die Dinge, zu denen jeder Mensch Zugang haben sollte. Derartige Veranstaltungen waren unerlässlich, um die Leute bei Laune zu halten, sie zu ermutigen, der Situation in Srebrenica standzuhalten, bis der Krieg beendet sein würde.

Während der Sommer 1993 und 1994 wurde eine Fußballliga am Fußballplatz vor der Grundschule ausgetragen.

Dort wetteiferten Teams gegeneinander mit Spielern aus den Orten, aus denen die Geflüchteten kamen, zum Beispiel aus Voljevica, Cerska oder Poljak. Tausende verfolgten diese Spiele tagtäglich. Ich unterstützte das Team von Poljak, weil darin auch Spieler aus Sulice mitspielten.

Raucher mussten während des Krieges von ihrem Vergnügen leider Abstand nehmen, da die Preise für Zigaretten sehr hoch waren – und je länger der Krieg dauerte, desto teurer wurden sie. Nur wer selber Tabak in seinem Dorf angebaut hatte, besaß auch welchen, der Preis am Markt war sehr hoch. Mein Vater tat mir leid, ich wusste, dass sein Verlangen nach Zigaretten sehr groß war, dass er aber nur ab und zu in den Genuss kam, zu rauchen. Die Menschen vor meinem Wohnhaus teilten sich oft eine einzige Zigarette, die sie im Kreis herumgehen ließen. Dieses gemeinsame Rauchen nannten sie BEZEC. Ich erinnere mich an den Schwiegervater meines Onkels Halid – sein Verlangen nach Zigaretten war sogar größer als das nach Brot. Einmal sah ich ihn rauchend auf dem Sofa meiner Großmutter, und er zog an der Zigarette, als wäre es seine letzte.

Zu Beginn des Krieges, 1992, gab es in Srebrenica noch keinen Mangel an Feuerholz. Die Stadt war von Wäldern umgeben, aber als wir anfingen, diese zu fällen, gab es mit der Zeit immer weniger Feuerholz in der direkten Umgebung. Also mussten wir immer tiefer in den Wald hinein, um Holz zu sammeln. Einmal fällte ich im Wald mit meinem Vater einen Baum, den wir anschließend bis vor unser Wohnhaus schleppten, als ich dort meinen Soziologielehrer Edhem sitzen sah. Er sah sehr abgehärmt aus und tat mir furchtbar leid. Mein Freund Damir half ihm, auch einen Baum im Wald zu fällen und zu seinem Haus zu tragen.

Wir hackten das Holz vor dem Gebäude in so kleine Stücke, dass sie in unsere Säcke hineinpassten. Das viel größere Problem war allerdings, diese dann in den neunten Stock hinaufzuwuchten. Da es keinen Strom gab, funktionierte auch der Aufzug nicht. Meine Freunde und ich improvisierten, indem einer von uns in den Keller ging und dort die Aufzugbremsen bediente, während die anderen sich in den Aufzug begaben und ihn durch ihr Gewicht nach unten beförderten. Wenn sich der Aufzug dem Erdgeschoss näherte, bekam die Person im Keller ein lautes Zeichen, um die Bremsen anzuziehen und so den Aufzug anzuhalten. Dann beluden wir ihn mit Brennholz und gaben der Person im Keller wieder ein Zeichen, nun um das Aufzugsrad zu drehen und den Aufzug so bis in den neunten Stock zu ziehen, was natürlich extrem schwer war. Am schlimmsten war es, als die Stadt unter Beschuss stand. Damals hatte ich solche Angst, dass meine Knie zitterten, und ich fürchtete, dass jeden Moment eine Granate neben mir einschlagen oder sogar auf meinen Kopf fallen könnte.

Mit Sead ging ich oft in ein verlassenes Dorf, auf der Suche nach Kirschen und anderen Früchten. Manchmal verbrachten wir den ganzen Tag wandernd in der Umgebung. Meistens konnte ich zumindest ein paar Äpfel mit nach Hause bringen. Ich ging bis ins Dorf Bajramovići, ins Flüchtlingslager Zeleni Jadar, nach Borkovići und in andere Dörfer. Bei einer Gelegenheit, als ich gemeinsam mit Dževad in die umliegenden Dörfer ausschwärmte, hoffte ich, mein Haus in Bratunac von einem Hügel aus zu erspähen, schaffte es aber nur bis ins Dorf Budak, nahe Potočari. Dort lud uns eine Frau in ihren Garten ein und bot uns an, uns zu setzen. Sie fragte, woher wir kämen, brachte uns eine Platte mit Essen und ging wieder ins Haus. Wir schauten ungläubig auf den Tisch und staunten über das viele Essen. Jerry vielleicht noch mehr als ich, denn seine Familie war in einer noch schwierigeren Lage als meine. Dževad meinte, dass wir rasch alles aufessen sollten, also aßen wir so schnell, dass wir fast daran erstickten. Immerhin wurde uns ein Essen serviert, von dem andere Flüchtlinge nur träumen konnten.

Im Sommer 1993 gingen meine Familie und ich zur Feldarbeit in das Dorf Pećišta, wo wir Kartoffeln, Zwiebeln, Kohl und anderes Gemüse anbauten, was uns später helfen sollte, die schwierigen Tage zu überstehen. Im Sommer 1994 arbeiteten wir auf demselben Feld.

Im Frühjahr 1995 unterbrach die bosnisch-serbische Armee die Hilfsgüterlieferungen, und die Hungersnot grassierte aus Neue. Der Lebensmittelbestand meiner Familie war fast aufgebraucht, also musste mein Vater nach Žepa gehen, circa fünfzig Kilometer entfernt, durch einen Teil des Landes, der vom Feind kontrolliert wurde. Die Menschen waren verzweifelt, und viele gingen nach Žepa, um Essen zu organisieren, weil die Lage in der Stadt ausweglos erschien. Viele wurden bei diesen Versuchen, nach Žepa zu gelangen, getötet, und ich hatte schreckliche Angst um meinen Vater.

Kapitel 8

Der Fall Srebrenicas

Im Frühjahr 1995 wurden die Angriffe auf Srebrenica intensiviert. Die Stadt wurde attackiert, obwohl sie offiziell Schutzzone der Vereinten Nationen war. Das Krankenhaus von Srebrenica wurde in Brand gesteckt, als eine Terroristengruppe es von einer nahe gelegenen Stellung der bosnisch-serbischen Armee angriff. Ein Zivilist kam dabei ums Leben, ein weiterer wurde verletzt. Die UN unternahmen nichts, um die bosnisch-serbische Armee dafür zu sanktionieren oder zukünftige Angriffe zu verhindern.

Im Juni 1995 griff die bosnisch-serbische Armee einen Kontrollposten des niederländischen Bataillons an, ungefähr sechs Kilometer südlich der Stadt, in Zeleni Jadar. Die Niederländer kapitulierten kampflos und zogen sich zurück; ihr Rückzug brachte das Flüchtlingslager Slapovići in Gefahr, in dem sich circa dreitausend Menschen befanden. Am 6. Juli 1995 starteten die finalen Angriffe auf die UN-Schutzzone Srebrenica, mit täglichem Beschuss. Sämtliche Beobachtungspunkte des niederländischen Bataillons wurden angegriffen und fielen in die Hände der bosnisch-serbischen Armee, einer nach dem anderen, ohne Gegenwehr.

In dieser Zeit hielt ich mich ausschließlich in unserer Wohnung auf, da die Stadt von mehreren Seiten mit unterschiedlichen Waffen angegriffen wurde und es extrem gefährlich war, nach draußen zu gehen. Schließlich, am 10. Juli, stand ich vor unserem Haus und beobachtete, wie eine große Anzahl Menschen an das andere Stadtende lief. Viele schrien: »Die Stadt wird eingenommen«, und ich erblickte Soldaten der bosnisch-serbischen Armee auf den Hügeln oberhalb meiner Straße. Ich lief die Straße hinunter zum Postamtsgebäude, wie mehrere Tausend Menschen auch, um an das andere Ende der Stadt zu gelangen. Ich sah mit an, wie alte Menschen zu Boden gingen und von jüngeren in ihrer panischen Flucht niedergetrampelt wurden.

Als ich das Postamt erreichte, waren dort schon meine Cousins, und bald stießen auch meine Eltern dazu. Wir fanden eine Wohnung, wo wir die Nacht gemeinsam mit unseren Verwandten verbrachten. An diesem Tag setzte das UNPROFOR den bosnisch-serbischen Einheiten ein Ultimatum, den Angriff auf die Schutzzone zu beenden und auf ihre Stellungen zurückzukehren. Wir waren beruhigt, als wir diese Nachricht hörten, und hofften auf unsere Rettung. In der Nacht schlief ich in einem Raum mit zwei meiner Cousins, die sich unterhielten, als sie mich schlafend wähnten. Sie vereinbarten, dass sie, falls Srebrenica am nächsten Tag tatsächlich fallen sollte, nach Potočari gehen würden, zu der Basis des niederländischen Bataillons, wo sie auf Schutz hofften. Sie glaubten, in Potočari größere Überlebenschancen zu haben, als wenn sie sich mit den anderen Männern durch die Wälder Richtung Tuzla durchschlügen. Am nächsten Tag, dem 11. Juli, fiel die UN-Schutzzone Srebrenica. Die meisten Männer und älteren Jungs flüchteten in Richtung Tuzla, durch von der bosnisch-serbischen Armee kontrolliertes Gebiet.

Gemeinsam mit meinem Vater und meinem Zwillingsbruder sowie anderen Verwandten floh auch ich auf diesem Wege – voller Hoffnung, dass wir alle überleben würden, aber auch voller Ungewissheit. Meine Mutter und mein jüngerer Bruder begaben sich in das Lager des niederländischen Bataillons nach Potočari, in der Erwartung, dass die Niederländer ihnen Schutz bieten würden. Wir hatten keine Zeit, uns voneinander zu verabschieden.

Kapitel 9
Der Todesmarsch

Erster Tag, 11. Juli 1995: Mein Zwillingsbruder Husein, mein Vater Aziz und mein Onkel Hasan waren bei mir, und wir alle wussten, dass wir nur überleben konnten, wenn wir »der Kolonne« folgten. So weit meine Augen blicken konnten, sah ich überall Männer, die in Reihen liefen – von jungen Teenagern bis zu alten Männern. Wir marschierten über eine Stunde und kamen nach Šušnjari beziehungsweise zur Buljim-Anhöhe. Wir stellten uns in Reihen auf und warteten auf unseren Abmarsch in das freie Gebiet Tuzla. Ich sah mehrere Pferde, die alle sehr verängstigt wirkten, vielleicht spürten sie, was bevorstand. Ich hörte meinen Vater Aziz mit einem unserem Nachbarn, Sejdalija, sprechen, der eigentlich die ganze Zeit nur darüber redete, wie sehr er sich freute, in Tuzla seine Familie wieder in die Arme zu schließen. Mein Vater war hingegen sehr still, es kam ihm kaum ein Wort über die Lippen. Wir warteten stundenlang, um endlich nach Tuzla aufzubrechen, durch das von der bosnisch-serbischen Armee kontrollierte Territorium.

Tag zwei, 12. Juli 1995: Mein Onkel glaubte, es wäre am sichersten, wenn wir in der Mitte der Kolonne blieben. Während wir uns also einreihten, vernahmen wir plötzlich schweren Beschuss. Inmitten des furchtbaren Dröhnens der Artillerie gerieten die Menschen in Panik, begannen nach vorne zu drängen, suchten verzweifelt nach Schutz. Ich konnte an nichts anderes denken, als dass ich unbedingt noch weiter nach vorne gelangen musste. Irgendetwas tief in meinem Inneren sagte mir, dass ich dorthin musste, und das gab mir Hoffnung, zu überleben. Plötzlich begriff ich, dass ich den Kontakt zu meinem Vater und Bruder verloren hatte. Ich wollte warten und nach ihnen suchen, aber ich wusste, dass ich getötet würde, wenn ich stehen bliebe – so rannte ich einfach weiter. Ich lief mit unzähligen anderen in die Wälder. Am Morgen des 12. Juli verloren wir den Kontakt zur Spitze der Kolonne.

Wir erreichten einen Ort namens Hajdučko Groblje, wo sich außerhalb des Waldes ein kleines Feld befand, das wir überqueren mussten. Über dieses Feld, das unter heftigem Beschuss stand, sollten wir in das nächstgelegene Waldstück gelangen. Also begab ich mich in eine Reihe mit den anderen. Wir liefen einfach los, und ich schaffte es bis in das Waldstück. Während ich rannte, vernahm ich Beschuss von allen Seiten und sah, wie Patronen in die Baumstämme um mich herum einschlugen. Da begriff ich, wie nahe sie waren. Ich hielt den Atem an und kauerte mich unter einen Baum. Ich hatte schreckliche Angst. In dem Moment spürte ich meine gesamte Kraft schwinden. Ich begann, mir Kleidung auszuziehen, die ich als große Belastung empfand, und warf meinen Rucksack fort. Ich glaubte, dass sie mich erwischen und an Ort und Stelle töten würden.

Ein Mann bot mir Zucker und Wasser an, und das brachte mich zurück ins Leben. Wir fanden auch wieder Anschluss an die anderen. In der Kolonne mussten wir uns extrem ruhig verhalten, damit der Feind uns nicht entdeckte. Zu dieser Zeit war ich umgeben von Menschen, die mir alle völlig fremd waren, was mir Sorgen machte, da es niemanden um mich herum gab, der mir helfen würde, falls ich verwundet wäre. Der Marsch fühlte sich für mich surreal an, als wäre das alles ein böser Traum, und trotz allem verlor ich nie die Hoffnung, zu überleben.

Am späten Nachmittag des 12. Juli erreichten wir die Kamenica-Anhöhe und warteten dort auf jene, die in der Kolonne zurückgefallen waren. Ich befand mich an der Spitze der Kolonne und hielt die ganze Zeit nach meinem Vater und meinem Zwillingsbruder Ausschau, in der Hoffnung, dass sie irgendwo auftauchen würden.

Die bosnisch-serbische Armee zog die Belagerungsschlinge um die Anhöhe Kamenica enger, und nicht weit von uns entfernt war schwere Artillerie zu hören. Tausende von Menschen waren unterwegs, Männer, Jungen, auch einige Mädchen. Ich sah einen Mann, Ibro Dudić, und fragte ihn, ob er zufällig meinen Cousin Enver gesehen hätte, was er leider verneinte. Ich suchte verzweifelt nach einer Person, die ich kannte, die mir nahestand. Ich erblickte Mehdin Jakupović und bat ihn, mit mir zusammen weiterzumarschieren, und zum Glück willigte er ein.

Ich traf auch einen Freund meines Vaters, der sich entschlossen hatte, sich der bosnisch-serbischen Armee auszuliefern, da er nicht mehr weitermarschieren konnte. Er übergab mir seinen Rucksack, in dem noch ein Rest Zucker war, der mir half, den weiteren Weg zu überstehen.

Tag drei, 13. Juli 1995: Endlich kamen wir voran, aber ich war völlig erschöpft, da ich tagelang nicht geschlafen hatte. In den frühen Morgenstunden des 13. Juli schlug mir ein Mann von hinten auf die Schulter. Er schrie uns alle an, ein serbischer Panzer nähere sich der Straße, die Konjević Polje mit Nova Kasaba verbindet. Die ganze Gruppe legte sich daraufhin zu Boden, und alle waren mucksmäuschenstill. Glücklicherweise fuhr der Panzer vorbei, ohne uns zu bemerken. Wir warteten, bis die Straße wieder frei war, und marschierten dann weiter in Richtung des nahe gelegenen Flusses Jadar. Ihn zu überqueren bereitete mir große Mühe, weil er sehr breit und die Strömung stark war. Beim Weitergehen spürte ich, wie meine Füße zu brennen begannen, und vor Schmerzen warf ich meine Stiefel fort. Die Haut an meinen Füßen hatte sich komplett abgelöst; es war unerträglich schmerzhaft. Ich nahm mein T-Shirt, riss es in zwei Teile und verband mir damit die Füße. Dann fiel ich erschöpft auf den Boden und schrie: »Ich will schlafen!« Ein Mann aus der Gruppe antwortete: »Wenn du jetzt einschläfst, schläfst du für immer.« Nun erklommen wir den höchsten Berg in der Gegend, den Udrč. Als wir den Gipfel erreichten, erblickten wir das freie Gebiet um Tuzla, und meine Hoffnung, dass ich überleben würde, wuchs wieder. Alle, Männer und Jungen, waren erschöpft und hatten extreme Schmerzen, und trotzdem mutmaßten wir über unsere Überlebenschancen. Einige waren optimistisch, andere weniger. Manche waren verwundet und verzweifelt oder sogar in Ohnmacht gefallen. Wir warteten darauf, dass noch mehr von uns es auf den Gipfel schafften. Zugleich vernahmen wir aber auch schwere Artillerie auf der Straße zwischen Konjević Polje und Nova Kasaba. Als es dunkel wurde, marschierten wir weiter. Ich erinnere, dass ich die Hand von Nazeta hielt. Sie war Lehrerin in der Grundschule, die ich vier Jahre lang besucht hatte. Wir hielten einander ganz fest, damit wir in der völligen Dunkelheit nicht vom Pfad abkamen.

Tag vier, 14. Juli 1995: Am Morgen des 14. Juli erreichten wir Kamenica, in der Nähe von Zvornik. Erst jetzt bemerkten wir, dass sehr viele Männer und Jungen verloren gegangen waren beziehungsweise den Anschluss an den vorderen Teil der Kolonne verloren hatten. Einige berichteten, sie seien bei der Anhöhe Kamenice in einen Hinterhalt geraten, viele von ihnen seien massakriert worden. Männer und Jungen wurden von der bosnisch-serbischen Armee gejagt, gefangen genommen und mussten in Gruppen eine asphaltierte Straße entlanglaufen. Das war von der nahe gelegenen Anhöhe aus zu erkennen. Ich dachte an meinen Zwillingsbruder, meinen Vater und meinen Onkel und fragte mich verzweifelt, was mit ihnen passiert war. Ich sah verwundete Menschen, die den Hinterhalt bei Kamenica überlebt hatten – manche liefen noch selbst, manche mussten getragen werden. Ich trug selbst einige, obwohl ich sehr schwach und zutiefst verängstigt war.

Tag fünf, 15. Juli 1995: Am 15. Juli passierten wir Zvornička Kamenica. Einige behaupteten, serbische Soldaten hätten sich als Zivilisten verkleidet und in die Kolonne hineingeschmuggelt, was zu großer Verwirrung unter uns führte. Wenn man sich in einer so großen Kolonne fortbewegt und die Leute um einen herum nicht kennt, kann das natürlich zum Problem werden. Als wir uns dem Ort Križevačke Njive näherten, wies man uns an, keinen Laut von uns zu geben, da sich der Feind in der Nähe aufhalte. Als ich eine große Anzahl von serbischen Soldaten laut »Hurra« schreien hörte, verspürte ich Todesangst. Ich ging davon aus, dass sie uns alle gefangen nehmen würden. Ich kroch auf dem Boden, während die serbischen Soldaten auf uns feuerten. Ich konnte sehen, wie sie aus unmittelbarer Nähe auf uns schossen, also kroch ich so lange weiter, bis sich die anderen Männer und Jungen wieder aufrichteten und anfingen zu laufen. Ich tat es ihnen nach, blickte kurz nach links, vernahm einen Lichtblitz und wusste, dass es Artilleriebeschuss war. Also ließ ich mich wieder schutzsuchend auf den Boden fallen. Aus der Zeit der Belagerung von Srebrenica wusste ich, dass man immer, wenn man schweren Artilleriebeschuss hört, auf den Boden gehen muss, um seine Überlebenschance zu erhöhen.

Nur ein paar Meter von mir entfernt wurde ein kleiner Junge verwundet, sein Bein war getroffen, und er fing laut an zu weinen und zu schreien. Ich sah ein paar Häuser in der Nähe und betete, dass ich es bis dahin schaffen würde. Tatsächlich erreichte ich eines der Häuser und versteckte mich darin, aber leider nur kurz, da wir zügig weitermarschieren mussten. Ein älterer Mann trat auf mich zu und bat mich, ihn beim Weitergehen zu stützen, da er verwundet war. Ich sagte ihm, dass ich selbst sehr schwach und nicht in der Lage sei, ihn zu tragen, zumal er sehr groß war. Er bat mich, sich bloß bei mir anlehnen zu dürfen, und so stimmte ich zu. Eine Zeit lang marschierten wir zusammen. Als wir die Spitze einer weiteren Anhöhe erreichten, trafen wir auf einige Männer aus seinem Dorf, und ich konnte ihn an sie übergeben. Noch am selben Tag gelangten wir auf eine asphaltierte Straße, die von Zvornik nach Tuzla führte, und mussten auch dort circa 300 Meter rennen, um dort nicht auf serbische Truppen zu treffen. Wieder kletterten wir auf eine Anhöhe, und vor Einbruch der Dunkelheit kamen wir an einen Strom, wo wir Halt machten. Es begann stark zu regnen. Ich trug nur noch ein T-Shirt und zitterte vor Kälte. Einige Männer machten ein Feuer, und ich rückte ganz nah heran, fast wollte ich hinein, so kalt war mir.

Tag sechs, 16. Juli 1995: Im Morgengrauen des 16. Juli waren wir wieder unterwegs, vor der letzten Hürde zur Freiheit, über Baljkovica, eine serbische Hochburg. Ich versteckte mich mit mehreren Tausend Menschen in einem Fluss, während sich serbische und bosnische Militärs beschossen. Einige Stunden später wurde alles still, und man forderte uns auf, das Tal eilig zu durchqueren. Ich passierte das Baljkovica-Tal und erblickte überall zerstörte Panzer und anderes militärisches Gerät. Man hörte noch Projektile durch die Luft fliegen. Ich lief, so schnell ich konnte, ich wollte, dass mein Körper so schnell wie möglich die Freiheit erreichte. Als wir endlich das Gebiet um Nezuk erreichten, konnte ich nicht fassen, dass ich noch am Leben war.

Kapitel 10

Freiheit

Die Bewohner im Dorf Nezuk empfingen uns mit Essen und Getränken. Ich war glücklich, aber auch in großer Sorge, da sich mein Zwillingsbruder und mein Vater nicht unter den anderen Geretteten befanden. Im Dorf standen reihenweise Busse und Lastwagen, in die wir verfrachtet wurden. Ich sprang auf einen Lkw, der uns zu einem Ort brachte, in dem es eine Schule gab. Dort wurden wir hineingeführt. Ich schlief auf dem Boden. Morgens gab es Frühstück, und wieder wartete ein Bus vor dem Gebäude. Die Menschen setzten sich in den Bus für die weitere Abreise. Ich wusste nicht, wohin ich gehen sollte, da ich keinerlei Informationen hatte, wo sich meine Mutter und mein jüngerer Bruder aufhielten.

So folgte ich den anderen Überlebenden und schlief im Bus ein, bis mich der Fahrer nach der Ankunft in Tuzla weckte. An einer Haltestelle, an der viele Frauen aus Srebrenica standen, stieg ich aus. Sofort fragten mich zahlreiche der Frauen nach ihren Nächsten, sie beschrieben mir, was ihre Väter, Brüder und Ehemänner für Kleidung trugen, nannten mir ihre Namen und wollten wissen, ob ich sie gesehen hatte. Ich war ratlos, wusste nicht, was ich ihnen antworten sollte. Ich wollte sie nicht verstören, aber die Wahrheit war, dass ihre Liebsten wahrscheinlich alle tot waren. Eine Dame schaute sich das alles aus der Distanz an. Dann kam sie auf mich zu und fragte, ob ich schon wüsste, wo ich hinwollte. Ich verneinte. Also nahm sie mich mit zu sich nach Hause, wo ich erst einmal blieb. Sie und ihr Sohn kümmerten sich um mich. Sie gaben mir einen Platz zum Schlafen, Essen und Kleidung. Ich werde ihnen ihre Großzügigkeit nie vergessen.

Ich blieb bei dieser Familie zwei Wochen und ging anschließend in ein Flüchtlingslager in Kiseljak, das in einem Grundschulgebäude eingerichtet worden war. Als ich dort ankam, sah ich Menschen beim Mittagessen. Mein Magen fing an zu knurren. Ein Mann erblickte mich und fragte, ob ich hungrig sei, was ich bejahte. Er begann zu weinen, als er mein trauriges Gesicht sah, in dem der große Hunger offenbar abzulesen war. Ich blieb in dem Lager ein paar Tage, doch als ich herausfand, dass sich die meisten Flüchtlinge am Flughafen von Tuzla befanden, nahm ich den Zug dorthin. Vom Bahnhof musste ich noch sieben Kilometer zu Fuß zurücklegen.

Dort angekommen, erblickte ich ein schier endloses Feld mit weißen Zelten. Ich ging zur Verwaltung und bat sie, eine Durchsage zu machen. Plötzlich scharten sich viele Menschen um mich, als sie hörten, dass ich aus Srebrenica kam. Viele befragten mich nach ihren Liebsten, ob ich wüsste, was mit ihnen passiert war. Ich entschuldigte mich pausenlos und erwiderte, dass ich keine Antworten auf ihre Fragen hatte. Dann, plötzlich, erblickte ich meine Mutter mit meinem jüngeren Bruder und meinen Großeltern. Ich konnte es kaum glauben. Wir drückten uns so fest wie nie zuvor und dankten Gott, dass er uns wieder vereint hatte. Meine Mutter zeigte mir das Zelt, in dem sie untergebracht waren. Es war viel zu klein für uns fünf, aber für uns zählte in dem Moment nur, dass ich noch am Leben war.

Mein jüngerer Bruder Omer war damals 16 Jahre alt, und er und seine neuen Freunde aus dem Lager lauschten mit großer Spannung meinen Erzählungen über den »Todesmarsch«. Alle Menschen um mich herum hielten es für ein Wunder, dass ein so kleiner, dünner, ausgehungerter, magerer Junge es in die Freiheit geschafft hatte. Eine Frau fragte, ob ich ihren Ehemann gesehen hätte. Sie hielt ihre zwei kleinen Söhne und ihre Tochter fest an sich gedrückt. Ich blickte auf sie und ihre Kinder und antwortete, dass ich ihn nicht gesehen hatte. Doch ich wollte ihr die Hoffnung nicht nehmen und sagte, dass sich noch viele Männer in den Wäldern versteckten und es nur eine Frage der Zeit sei, bis auch sie sich durchschlagen und es bis zu einem Flüchtlingslager schaffen würden.

Ich schaute auf ihre Kinder und fragte mich, wie sie als Flüchtlinge im Leben zurechtkommen sollten, so allein, ohne Ehemann und Vater? Mein Großvater fragte, ob ich seinen Sohn, meinen Onkel, gesehen hätte. Er hoffte verzweifelt, ihn lebend wiederzusehen, da sein zweiter Sohn in Tuzla getötet worden war. Ein weiteres Leben ohne seinen noch ledigen Sohn Hasan konnte er sich nicht vorstellen. Ich antwortete auch meinem Großvater, dass ich Hasan nicht gesehen hätte und dass ich hoffte, dass auch er bald lebend auftauchen werde. Meine Großmutter Mejra folgte meinen Schilderungen sehr aufmerksam, auch sie in der Hoffnung, ihren Sohn bald wiederzusehen.

Meine Mutter fragte mich nach meinem Vater und meinem Bruder. Ich antwortete ihr, dass wir kurz hinter Srebrenica getrennt wurden, als die Kolonne unter Beschuss geraten war. Die erste Nacht im Zelt mit meiner Familie war seltsam. Einerseits war ich glücklich und versuchte nicht daran zu denken, was in den Wäldern geschehen war. Zugleich konnte ich nicht aufhören, an meinen Vater und meinen Zwillingsbruder zu denken.

Am nächsten Tag brachte mein Großvater Feuerholz aus einem nahe gelegenen Waldstück, und meine Großmutter bereitete das Frühstück vor. Dazu legte sie das Feuerholz auf den Boden und darunter ein Stück Papier, das sie mit einem Feuerzeug anzündete. Das Feuer entzündete sich, und sie legte zwei flache Steine daneben, auf die sie einen kleinen Kochtopf setzte. Ein paar Minuten später konnte ich schon die Suppe riechen. Das war das erste Frühstück mit meiner Familie nach dem Genozid von Srebrenica. Wir saßen im Zelt, und meine Mutter legte ein Stück Stoff auf den Boden. Kleine Brotstückchen und Suppenteller wurden darauf abgestellt. Wir fingen an zu essen und sprachen kein Wort. Ich merkte ihnen an, dass sie sich genauso fragten, ob mein Vater, mein Zwillingsbruder und mein Onkel an diesem Morgen etwas zu essen bekamen beziehungsweise ob sie überhaupt noch am Leben waren.

Richtige Toiletten oder Duschräume gab es keine im Flüchtlingslager. Holzpfähle wurden nebeneinander aufgebaut und Decken darüber gehängt, dazwischen duschten die Menschen. Ich brachte immer einen großen Topf mit Wasser mit und duschte mich sehr schnell, da jederzeit jemand meine Privatsphäre hätte stören können. Die Toiletten waren schrecklich, dort herrschte immer ein bestialischer Gestank. Vor Ort waren sehr viele humanitäre Hilfsorganisationen tätig, die die Flüchtlinge unterstützten. Eines Tages traf ich den Offizier Muhamed Pakistani, und sprach mit ihm über die furchtbaren Lebensbedingungen im Lager. An diesem Abend stand er vor unserem Zelt mit einem Wagen voller Essen. Er war in ein traditionelles pakistanisches Gewand gekleidet und erzählte mir, dass er als Pakistaner gekommen war, um den Flüchtlingen zu helfen. Meiner Meinung nach agierte er außerhalb seines Mandats und riskierte damit seine militärische Karriere.

Das Essen teilten wir am nächsten Morgen mit den anderen Flüchtlingen. Ich war der Einzige im Lager, der Englisch sprechen konnte, und so kamen die Menschen zu mir, um mir von ihren Problemen zu erzählen, auch weil sie wussten, dass ich mit den Ausländern zu tun hatte, die ihnen wiederum vielleicht helfen konnten.

Der Regen begann einen Monat nach meiner Ankunft im Lager. Die Zelte wurden geflutet, und es war unmöglich, darin Schlaf zu finden. Alle waren verzweifelt und kündigten an, dass sie, wenn ihnen die bosnische Regierung nicht helfen konnte, in andere, westeuropäische Länder ausreisen würden. Ich ging mit einer Gruppe Männer, Repräsentanten der Flüchtlinge, zu Muhamed. Er forderte uns auf, einen Protest zu organisieren, damit Journalisten von den Zuständen berichteten.

In der Früh versammelten sich weitere wütende Menschen auf dem Flugfeld, und wir einigten uns darauf, dass wir unser Land verlassen wollten. Unsere Bedingungen kommunizierten wir den anwesenden nationalen und internationalen Journalisten. Schlussendlich kam auch der Premierminister des Kantons Tuzla-Podrinje. Er schlug vor, dass die Flüchtlinge in umliegende Gemeinden gebracht werden sollten, wo man sich um sie kümmern würde. Aber die Flüchtlinge wollten ihm gar nicht zuhören und forderten ihn auf, zu gehen. Am Tag darauf wurde eine Granate auf das Flugfeld, wo wir uns aufhielten, abgefeuert. Ich flüchtete mit meiner Familie in ein nahe gelegenes Waldstück. Die Menschen waren erschrocken. Nachmittags kamen viele Busse zum Lager, und viele packten ihre Sachen und stiegen ein. Auch ich stieg mit meiner Familie in so einen Bus ein. Eine Stunde später fuhren wir los – ohne zu wissen, wohin die Reise ging. Nach einer Stunde Fahrt sah ich einen großen See und ein Dorf. Es war der Modrac-See, und das Dorf war Prokosovići, das zur Gemeinde Lukavac gehörte. Uns wurde gesagt, dass wir uns ins örtliche Kulturzentrum begeben sollen. Vertreter der lokalen Gemeinden brachten uns Kleidung und andere Sachen und kochten auch Essen für uns. Ich sah eine Schüssel mit Brot und eine Frau, die das Brot in Hälften schnitt. Plötzlich krabbelte aus dem Brot eine Maus, woraufhin ich mich fast übergeben musste.

Ich erinnere mich an eine Frau, die mit einem Baby auf dem Arm auf mich zukam und anfing, mit den zwei Mädchen, bei denen ich gerade saß, zu reden. Eines der Mädchen wollte das Baby streicheln, aber die Frau lehnte das ab, sie hatte Angst, dass die Hände des Flüchtlingsmädchens schmutzig waren. In diesem Moment fühlte es sich zum ersten Mal schrecklich an, ein Flüchtling zu sein. Nun war mir bewusst, dass das Leben als Flüchtling nicht einfach sein würde. Wir blieben einen Monat in dem Kulturzentrum, bis die lokalen Behörden entschieden, die Flüchtlinge in Privatunterkünften in den Dörfern unterzubringen.

Meine Familie zog in ein Haus, in dem die Eigentümer im Erdgeschoss wohnten. Diese hießen uns mit viel Essen und Getränken willkommen. Wir hatten ein großes Zimmer samt Küche. Nach einer Weile überließ uns der Besitzer noch mehr Raum, und wir durften fortan zwei zusätzliche Räume im selben Stock nutzen. Zum ersten Mal hatte ich mein eigenes Zimmer. Mein Bruder Omer ging bald darauf nach Istanbul, an das Fatih College, da die türkische Regierung die Ausbildung begabter Schüler unterstützte, was eine großartige Chance für ihn bedeutete. Es fiel uns allen sehr schwer, uns von ihm zu trennen, schließlich war er erst sechzehn Jahre alt, als er fortging.

Kapitel 11

Das Leben als Flüchtling geht weiter

Als mein Bruder nach Istanbul ging, fühlte ich mich sehr allein. Ich lebte in einem fremden Haus, und die Besitzerin lebte im Erdgeschoss, eine ältere Dame, die sehr nett und zuvorkommend war. Trotzdem war es mir unangenehm, mich in ihrem Haus zu bewegen. Ich war sehr schüchtern und beschämt in der Kommunikation mit ihr und ihrer Familie. Die Familie besaß insgesamt vier Häuser, die in unmittelbarer Nähe zueinander standen. Insgesamt fünfzehn Personen lebten darin, und alle bemühten sich um uns, waren nett und hilfsbereit. Ich schloss auch neue Freundschaften, meine alten Freunde aus Srebrenica waren nun alle fort; die meisten von ihnen, wie ich später erfuhr, fanden im Genozid den Tod. In dem Dorf gab es einen wunderschönen See, zu dem ich oft spazieren ging. Manchmal schaute ich stundenlang aufs Wasser. Ich lernte auch ein paar jüngere Leute kennen, die später meine Freunde wurden. Manchmal spielten wir Basketball und gingen abends am See spazieren. Wenn ich anderen Menschen vorgestellt wurde, wurde ich immer als »der Flüchtling« bezeichnet, was ich als großes Stigma empfand. Sie kannten mich nicht, wussten nichts über mich und auch nichts über meinen familiären Hintergrund – für sie war ich einfach nur ein »Flüchtling«.

Sie sahen im Fernsehen furchtbare Bilder über den Genozid in Srebrenica und Menschen in zerfetzten Klamotten. Einige hegten über Srebrenica, das sie nie besucht hatten, viele Vorurteile. Sie glaubten, es handele sich dabei um einen Ort, der im Vergleich mit dem Rest des Landes nicht mithalten konnte. Ich fühlte mich schrecklich, weil die Leute mich als einen Menschen zweiter Klasse betrachteten, nur weil ich Srebrenica verlassen musste und dort die Hälfte meiner Familie im Genozid verloren hatte. Glücklicherweise hatten die meisten Menschen aber viel Mitgefühl und waren verständnisvoll. Doch es reichte ein Einzelner, der die Situation nicht verstand, um mich mit den entsprechenden Kommentaren über Flüchtlinge oder Srebrenica runterzuziehen. Mein Freund Denis jedoch, der Enkel der Besitzerin des Hauses, in dem ich wohnte, bat seine Bekannten, wenn er mich ihnen vorstellte, dass sie nett zu mir sein sollten, da er meine Lage gut nachvollziehen konnte.

Nach einigen Monaten im Dorf Prokosovići war es an der Zeit, wieder die Schule zu besuchen, und zwar in Lukavac. Dort gab es eine berufsbildende Schule für angehende Mechaniker. Ich erinnere mich sehr gut an meinen ersten Schultag, damals war ich sehr nervös und schüchtern. Ich wusste nicht, wie ich mit dieser neuen Schulsituation umgehen sollte, als ich auf meine Klassenbetreuerin Hatidža traf, die sehr verständnisvoll und hilfsbereit war. Sie stellte mich der Schulklasse vor, erklärte den anderen Schülern meine Situation und bat sie, respektvoll mit mir umzugehen. Ich zeigte ihr mein Schulzeugnis aus Srebrenica, sah ihr aber an, dass sie meinen Schulerfolg anzweifelte. »Wenn du so erfolgreich sein wirst, wie es in diesem Schulzeugnis steht, wird alles wunderbar«, gab sie mir mit auf den Weg. Gleich am nächsten Tag fing ich an, intensiv zu lernen, und nach zwei Monaten bestand ich alle Prüfungen mit Bestnoten. Hatidža war darüber sehr glücklich, und fortan war ich ihr

Lieblingsschüler. Bald respektierten mich auch alle Schüler in der Klasse, nicht weil oder obwohl ich ein Flüchtling war, sondern für mein Wissen und meine guten Noten.

Ich war der Einzige in meiner Klasse, der gut Englisch sprechen konnte, und meine Englischlehrerin erklärte mir, dass ich aufgrund meiner guten Sprachkenntnisse die Englischstunden nicht besuchen müsse: Ich würde andere Schüler, die kaum ein Wort Englisch sprechen konnten, nur durcheinanderbringen. Sie sagte, es reiche aus, wenn ich nur zum Abschlussexamen komme, wofür mich die anderen Schüler natürlich beneideten. Meine Mutter verfügte über fast kein Geld, und es fiel ihr sehr schwer, die Bücher zu kaufen, die ich brauchte, genauso wie das tägliche Frühstücksbrot. Mein bester Freund in dieser Zeit war selbst Flüchtling, Mirsad aus Bijeljina. Wir unternahmen viel gemeinsam, gingen spazieren, spielen und essen.

Kapitel 12

Das Daytoner Friedensabkommen von 1995

Im Dezember 1995 wurde das Friedensabkommen von Dayton unterzeichnet, mit dem der bosnische Bürgerkrieg beendet wurde. Kurz darauf kamen amerikanische Truppen nach Lukavac und suchten nach Übersetzern. Ich traf einen Amerikaner in der Stadt, und er fragte mich, ob ich als Übersetzer arbeiten wollte. Ich sprach darüber mit meiner Mutter, die mich dazu ermunterte, da wir kein Geld hatten. Ich sprach auch mit meiner Lehrerin über diese Option, und sie bot mir an, mir bei meinen schulischen Verpflichtungen entgegenzukommen, sodass ich alle wichtigen Prüfungen ohne große Pausen dazwischen im Mai des kommenden Jahres ablegen konnte. Daraufhin unterschrieb ich einen Arbeitsvertrag und fing an, für einen Ingenieur der Brown and Root Services and Corporation als Übersetzer zu arbeiten. Das war ein amerikanisches Unternehmen, das für das US-Militär in Bosnien tätig war.

Es war Winter und sehr kalt. Bosnische Tischler bauten an einer Anlage für das US-Militär. Manchmal arbeitete ich bis zu zwölf Stunden am Tag, manchmal sogar länger, da es im Umfeld der Stationierung der US-amerikanischen Truppen in diesem Teil Bosniens sehr viel zu tun gab. Mein Vorgesetzter, Lee Samuel Dickson, war ein Veteran aus dem

Koreakrieg, der genau wusste, wie grauenhaft der Krieg ist. Zu mir war er immer sehr nett und zuvorkommend. Nach einer Weile schlug er vor, mich mit in die USA zum Studium zu nehmen, mir seinen Wohnort zu zeigen und mich seiner Familie vorzustellen. Ich habe sehr gern mit ihm und den anderen Amerikanern zusammengearbeitet. Anfangs waren sie Bosnien gegenüber voreingenommen. Nachdem sie aber viele Bosnier besser kennengelernt hatten, wurden sie freundlicher zu uns allen.

Eines Tages rief Lee mich zu sich. Er zeigte auf einen bosnischen Tischler, der mit Sperrholz arbeitete, und auf dessen Arbeitsschuhe, ein Paar abgeschnittene Gummistiefel. Lee bat mich, ins Zentrum zu gehen und für den Mann dort das beste Paar Schuhe zu besorgen, das ich finden konnte. Dafür gab er mir Geld aus seiner privaten Geldbörse. Ich kaufte also sehr teure Winterstiefel für diesen Arbeiter. Als ich zurückkam, übergab ich dem Tischler die Schuhe, der daraufhin Lee mit großer Dankbarkeit anblickte. Eines Tages erzählte mir Lee, dass es den Amerikanern nicht erlaubt war, Alkohol zu trinken. Wieder gab er mir Geld, um ein paar Feierabendgetränke für die bosnischen Tischler zu kaufen.

Im September des darauffolgenden Jahres musste ich leider kündigen, da ich zurück in die Schule musste. Als ich mit meinen Freunden zur Schule ging, stoppte plötzlich ein Wagen, in dem andere Bosnier, die für die Amerikaner arbeiteten, saßen. Sie erzählten mir, dass Lee einen tödlichen Unfall in der Nähe von Tuzla gehabt hatte. Ich fühlte mich schrecklich, wieder hatte ich einen Freund verloren, der zu den besten Menschen zählte, die ich kannte.

Im Jahr darauf, im Mai, als ich mit dieser Schule fertig war, fing ich wieder an für Brown and Root Services and Corporation zu arbeiten. Alle Angestellten respektierten mich und kamen auf mich zu, um mir ihr Beileid wegen Lee auszusprechen. Sie betrachteten mich als Teil seiner Familie.

Eines Tages rief mich der Chef an und bat mich, ihn zu begleiten. Wir fuhren nach Tuzla, zum großen US-Militärstützpunkt. Vor dem Sicherheitscheck wollte ich meinen Übersetzerausweis aus der Tasche ziehen, aber da war er nicht. Ich war völlig eingeschüchtert und dachte, dass ich deswegen gefeuert würde. Schließlich sagten alle über den Chef, er sei furchteinflößend und unfreundlich. Ich beichtete ihm, dass ich meinen Ausweis leider zuhause vergessen hatte, und dass es mir sehr leid tat. Er erwiderte, dass ich zu einem der US-Soldaten gehen sollte, um zu fragen, ob ich mit meinem gewöhnlichen bosnischen Ausweis hineinkommen könnte. Der Soldat versicherte mir, ich könnte sogleich hineingehen. Tatsächlich blieb ich aber erstmal stundenlang draußen vor dem Lager, da ich mit einigen Leute über neue Aufgaben und Arbeiten für unsere Tischler sprach. Vielleicht war der Chef auch deshalb so nett zu mir, weil ihm zu Ohren gekommen war, wie sehr sich Lee um mich gekümmert hatte, und manchmal lächelte er sogar.

Im September 1997 schrieb ich mich an der Fakultät für Strafjustiz in Sarajevo ein. Ich wollte mehr über die Justiz und die Gesetze erfahren. Zunächst musste ich jedoch eine Aufnahmeprüfung absolvieren, um dort studieren zu können. Ich bestand die Prüfung, und bald darauf besuchte ich die ersten Vorlesungen. Unsere Fakultät hatte einen Standort in Tuzla, aber nur für die ersten zwei Studienjahre. Für die restlichen vier Studiensemester mussten alle Studentinnen und Studenten zurück nach Sarajevo.

Meinen Job als Übersetzer zu kündigen, fiel mir sehr schwer, da ich mich an meine Kollegen gut gewöhnt hatte, aber auch daran, eine Arbeit zu haben. In den Vorlesungen lernte ich neue Freunde kennen, und ich studierte wirklich sehr hart. Zu dieser Zeit lebte ich in Puračić, einem Flüchtlingslager außerhalb von Lukavac. Es gab dort kleine Fertighäuser aus Holz, immer sechs auf jeder Straßenseite, die von einer Hilfsorganisation gebaut worden waren. In Lukavac lernte ich meine damalige Freundin und heutige Ehefrau kennen. Ich fuhr drei Mal die Woche mit dem Bus in die Stadt, um sie treffen zu können.

Ich hatte dort gute Freunde, einer von ihnen war Hajrudin Meśic, ein Überlebender des Genozids und Geschichtsprofessor, der vier Brüder in Srebrenica verloren hatte. Wir verbrachten sehr viel Zeit miteinander, fast wie Brüder.

Ich erinnere mich auch an zwei kleine Jungs. Einer von ihnen war ein Cousin von mir, der voller Stolz zu dem anderen Jungen sagte: »Hasan ist mein Cousin.« Woraufhin der andere Junge erwiderte: »Hasan ist auch mein Cousin.« Beide hatten ihre Väter im Genozid von Srebrenica verloren, und in ihrer Familie war keine männliche Identifikationsfigur übrig geblieben. Das Gespräch mit diesen beiden Jungs rührte mich sehr. Ich schaute sie an, diese zwei süßen Jungen, die ohne Vater als zentrale Stütze weiterleben mussten. Die Situation geht mir immer mal wieder durch den Kopf, dann muss ich an all die Jungen denken, die ohne Vater aufwachsen müssen.

Kein Gerichtsurteil auf dieser Welt kann diesen furchtbaren Schmerz und den Verlust all der Frauen und Kinder, die keine Familie und keine sorglose Kindheit mehr haben, wieder gutmachen.

Nach dem Genozid musste sich meine Mutter um mich und meinen jüngeren Bruder kümmern. Unser Leben als Flüchtlinge war sehr schwer. Eine neue Umgebung, kein Zuhause, kein Geld, kein Vater, nur Schmerz, der angesichts der Größe des Verlustes nie verblasst.

Eine Zeit lang war ich mit einem Mädchen ausgegangen, dessen Vater und Bruder ebenfalls im Genozid von Srebrenica getötet worden waren. Ich glaubte, es wäre gut, mit jemandem zusammen zu sein, der ein ähnliches Schicksal durchlitten hatte. Damit lag ich falsch. Die Beziehung funktionierte einfach nicht, und ich war überglücklich, als ich meine heutige Frau Nermina kennenlernte. Sie brachte ein tiefes Verständnis für all meinen Schmerz und meine Verluste auf. Die Zeit, die ich mit ihr verbrachte, half mir, meine schwierige Vergangenheit zumindest zeitweise zu vergessen.

Das Leben in einem Flüchtlingslager war nicht einfach, obwohl meine Mutter von der Regierung eine finanzielle Entschädigung für den Verlust ihres Mannes und Sohnes erhalten hatte. Doch diese reichte gerade, um zu überleben, und es blieb nichts übrig für meine oder die Ausbildung meines Bruders. Mit so einem geringen Betrag zurechtzukommen, war wirklich nicht einfach. Um das Familienbudget aufzubessern, kaufte meine Mutter zum Beispiel ein kleines Küken, das sie anfütterte und später wieder verkaufte. Mein Großvater sparte das Geld, das er von der Regierung für den Verlust seiner beiden Söhne erhalten hatte, an. Manchmal, wenn wir wieder in Geldnöten steckten, half er uns damit aus.

Zu dieser Zeit war mein Bruder bereits zurück aus Istanbul, das im Jahr 1999 von einem schweren Erdbeben heimgesucht wurde. Meine Mutter sagte damals zu meinem Bruder, dass er nach Bosnien zurückkommen solle, da sie »schon zwei Familienmitglieder verloren hatte und ich dich nicht auch noch verlieren möchte«.

Nach seiner Rückkehr aus der Türkei hatte sich mein Bruder sichtlich verändert, er war kein kleiner Junge mehr. Aber er war noch immer sehr schüchtern und reserviert und redete nur, wenn ihn jemand etwas fragte. Er begann ein Journalismusstudium in Tuzla. Wir gingen damals oft in einem nahe gelegenen Sportzentrum gemeinsam Fußball und Basketball spielen.

1999 starb meine Großmutter. Sie bereitete gerade das Frühstück am Ofen vor, als sie plötzlich kollabierte. Ich trug sie zu einem Nachbarn, der ein Auto besaß, und wir brachten sie in ein Krankenhaus, wo sie nach ein paar Tagen von uns ging.

Es war ein sehr schwieriger Moment für uns alle, meine Großmutter Mejra war eine großartige Frau. Sie war zwar sehr ruhig, hatte aber stets ein Lächeln auf den Lippen und war immer mit irgendeiner Arbeit beschäftigt. Doch sie hatte ihre beiden Söhne im Genozid verloren und war seitdem in tiefer Trauer. Kurz nach dem Genozid wurde sie krank, hatte ständig Probleme mit ihrem Herz und ihrem Blutdruck. Wir beerdigten sie in Tuzla, neben dem Grab ihres Sohnes Sejdalija. Sejdalijas Söhne reisten extra aus den Niederlanden für das Begräbnis ihrer Großmutter an. Es war auch für meine Mutter sehr schwer, schließlich hatte sie nun ihre Mutter verloren, und wir mussten uns alle an das Leben zu Hause ohne sie gewöhnen.

Mehr und mehr Flüchtlinge kamen in unser Lager, und wir mussten alle zusammenrücken. Eine Familie zog sogar mit in unser Haus ein, sodass wir nur noch zwei kleine Räume für uns hatten. Für mich war es wegen des Lärms sehr schwierig, zu lernen, und im Sommer kam noch die Hitze erschwerend hinzu. Dennoch bestand ich alle meine Prüfungen in Tuzla, und somit war es an der Zeit, nach Sarajevo zu ziehen, um meine Ausbildung dort abzuschließen. Ich brauchte viel Geld, um für meine Lebenshaltungskosten aufzukommen: Miete, Transport, Essen, Bücher etc. Manchmal schlich ich mich in einen Bus oder eine Straßenbahn, ohne vorher eine Fahrkarte zu lösen. Alle Studenten machten das so. Einmal wurde ich erwischt und musste eine Strafe zahlen.

In Sarajevo wohnte ich zunächst in einem großen Studentenwohnheim, gemeinsam mit eintausend Studierenden aus ganz Bosnien und Herzegowina. Das Gebäude war riesig, mit einem Restaurant, Café und Geschäft. Ich hatte dort einen Mitbewohner, der sehr nett war, aber ich entschloss mich bald, von dort wieder auszuziehen und mir eine Wohnung zu suchen, in der ich mehr Privatsphäre hatte. Die Studenten aus dem Heim klopften ständig an unsere Tür, irgendjemand wollte immer irgendetwas. Auch die Mädchen waren sehr penetrant und störten meine Ruhe. Danach lebte ich in einem Haus mit mehreren männlichen Mitbewohnern am Stadtrand von Sarajevo. Das Haus war groß und komfortabel und brachte endlich die ersehnte Freiheit beziehungsweise vermittelte mir auch das Gefühl eines Zuhauses. Jedes Wochenende fuhr ich nach Hause nach Tuzla und Lukavac. Es gab einen Bus, der als Studentenbus bezeichnet wurde, da die Fahrt sehr günstig war. Wenn man nicht rechtzeitig einen Sitzplatz ergattert hatte, musste man stehen. Im Jahr 2003 zog meine Familie aus dem Flüchtlingslager Puračić nach Lukavac, wo ich gemeinsam mit meinem Großvater eine günstige Wohnung gekauft hatte, da wir das Leben im Flüchtlingslager nicht länger ertragen konnten.

Wir renovierten die Wohnung und zogen bald darauf dort ein, nachdem wir uns von unseren Nachbarn und Freunden aus dem Flüchtlingslager verabschiedet hatten. In dem Block, in dem wir nun wohnten, trafen wir auf neue Nachbarn. Für mich persönlich war es fantastisch, dass wir nach Lukavac gezogen waren, da Nermina ganz in der Nähe lebte und wir uns nun jeden Tag sehen konnten. Wir gingen stundenlang in der Stadt spazieren, redeten miteinander und hatten Spaß. Ich brauchte länger als geplant, um mein Studium zu beenden – nicht, weil ich kein erfolgreicher Student war, sondern wegen meiner gesundheitlichen Beschwerden.

Ich versuchte, nicht zu oft an Srebrenica und das dort erlebte Leid zu denken. Doch hatte ich immer wieder schlechte Träume und entwickelte Angstzustände. Ich begann mich vor dem Alleinsein zu fürchten und verspürte eine gewaltige Angst tief in mir. Ich hatte Angst davor, zurück an meine Fakultät in Sarajevo zu gehen, und ich lebte in ständiger Angst, dass mir etwas Schlimmes zustoßen könnte. So verlor ich viele Jahre im Kampf mit meinen Ängsten, Albträumen und dem Leben selbst. Es fühlte sich an, als wäre ich ein Gefangener meines eigenen Verstands. Ich verlor die Freude am Leben und wurde ein kranker Mensch. Zu dieser Zeit konnte ich mit niemandem darüber reden, da so etwas in unserer Kultur als Schande angesehen wird.

Meine Religion half mir mit der Zeit, mich besser zu fühlen, sodass ich mein Studium wieder aufnehmen konnte – doch das dauerte einige Jahre, und die Ängste verschwanden auch nicht. Im Januar 2008 schaffte ich den Studienabschluss. Das Einzige, das mich in all dieser Zeit vorantrieb, waren mein Glaube und die Erinnerung an meinen Vater und meinen Zwillingsbruder. Ich wusste, dass ich mit meiner Ausbildung etwas für sie tun konnte, damit ihre Geschichte der Welt erzählt werden könnte. Nach dem Studienabschluss fragte ich mich, wie es weitergehen sollte. Eigentlich hatte ich schon länger darüber nachgedacht, vielleicht am Srebrenica Memorial zu arbeiten und den Besuchern die Geschichte über den Genozid erzählen zu können.

Ungefähr ein Jahr lang fragte ich mich, was ich mit meinem weiteren Leben anfangen sollte. Für mein Profil gab es keine Jobs. Und was auch immer sich als Option auftat, war nicht mit meinen Träumen und Wünschen vereinbar. Die meiste Zeit verschlief ich und hing mit meinen Freunden und meiner Freundin herum – bis auf einmal Stellenausschreibungen für das Srebrenica Genozid Memorial veröffentlicht wurden. Ich bewarb mich darauf und wurde tatsächlich eingestellt. Anfang Februar 2009 trat ich meine Stelle dort an.

Kapitel 13

Die Rückkehr nach Srebrenica

Im Jahr 2001 hatte ich Srebrenica zum ersten Mal nach dem Genozid besucht. Ich traf dort mit einigen amerikanischen und französischen Historikerinnen und Historikern sowie bosnischen Studierenden ein. Wegen des Erlebten vor Ort war ich sehr angespannt. Wir tranken Kaffee in einem serbischen Café, und ich fühlte mich hochgradig unsicher, als ich die Leute um mich herum beobachtete. Die große Moschee war völlig zerstört worden, an ihrer Stelle standen nun einige Müllcontainer. Als wir zur Altstadt hinaufstiegen, erblickte ich von oben in der Nähe einer alten Festung ein großes metallenes Kreuz, das dort aufgerichtet worden war und das gesamte Stadtzentrum überblickte. Ich deutete es als ein Zeichen für die Bosniaken, dass die Stadt nun den serbischen Christen gehörte und nicht den anderen Bewohnern von Srebrenica, die vor dem Krieg hier ebenfalls gelebt hatten. Nach diesem Besuch war ich ziemlich entmutigt, Srebrenica wieder zu besuchen. Und nun, im Jahr 2009, war ich doch wieder zurückgekehrt, um hier zu arbeiten, meinen Dienst zu tun im Srebrenica Genocide Memorial Centre.

In der Früh ging ich zum Memorial und traf dort auf einige junge Menschen, die wie ich neu angeheuert worden waren, um dort zu arbeiten. Ich lernte die Personen kennen, mit denen ich eng zusammenarbeiten würde. Bald bezog ich ein Zimmer in Srebrenica und fing mein Leben dort neu an. Am Anfang war es schwierig, sich wieder an einen Ort zu gewöhnen, an dem meine Freunde, die im Krieg dort gewohnt hatten, nicht mehr waren. Es fiel mir schwer, an einem Ort, der solch schreckliche Erinnerungen für mich bereithielt, und mit Menschen, die ich nicht kannte, zu wohnen. Anfangs stresste es mich sehr, in der Republik Serbische Krajina zu leben, die vor dem Krieg gar nicht existiert hatte. Es gab unzählige Zeichen und Institutionen, die auf die Republik hinwiesen, was für mich als Überlebenden und Bosniaken unerträglich war. Immerhin stand das Memorial als solches nicht im Besitz der Republik, sondern unterstand direkt dem Staat Bosnien und Herzegowina.

Während der Arbeit im Memorial bemerkte ich wenig davon, dass ich mich in der Republik Serbische Krajina befand. Aber beim Gang nach Hause, nach der Arbeit, fühlte ich mich schlecht. Ich war auf der Arbeit sehr beschäftigt, versuchte im Memorial mehr über den Genozid von Srebrenica zu erfahren und führte jeden Tag Gruppen durch die Ausstellung. Anfangs fiel es mir sehr schwer, davon zu erzählen, weil dadurch schmerzvolle Erinnerungen aus dem Krieg wieder an die Oberfläche kamen.

Doch mit jedem Tag lernte ich etwas dazu und konnte somit die Geschichte immer besser wiedergeben. Je mehr Gruppen ich anleitete, desto mehr Menschen erfuhren von mir. Die Menschen schätzten es, die Geschichte direkt von einem Überlebenden zu hören, und viele wollten danach mit mir in Kontakt bleiben. Ich führte auch wichtige Persönlichkeiten durch die Ausstellung, erzählte ihnen die Geschichte des Genozids – in der Hoffnung, dass sie für mein Land in der nahen Zukunft etwas tun würden. Einmal leitete ich sogar Angelina Jolie durch die Ausstellung. Ich nahm auch an vielen internationalen Konferenzen zu Genoziden teil, wo ich ebenfalls wichtige Persönlichkeiten kennenlernen durfte. Ich fuhr nach London, um als Überlebender bei einer Veranstaltung, die von der Remembering Srebrenica Charity organisiert wurde, vorzutragen. Dort traf ich Premierminister David Cameron und sprach auf einer Erinnerungsveranstaltung zum Genozid von Srebrenica im Lancaster House.

Im Januar 2014 flog ich in die USA, um über meine persönliche Erfahrung aus dem Genozid von Srebrenica an der Universität von Denver in der Fakultät für Soziale Arbeit zu sprechen. Das war meine erste Reise in die USA. Ich sprach dort im Radio über meine Erfahrung des Genozids und traf den damaligen stellvertretenden Gouverneur des US-Bundesstaats Colorado. Ich hielt vier Vorlesungen vor Doktoranden und einen Vortrag im Universitätsauditorium vor mehr als 300 Leuten. Nach meinem Vortrag erhielt ich einen mehr als zehnminütigen Applaus aus dem Publikum.

Am glücklichsten bin ich, wenn ich Schüler und Studenten, die mehr über den Genozid erfahren wollen, führen darf, und diese mir danach ihre Dankbarkeit zollen. Dafür, dass sie mich – einen Überlebenden – treffen durften. Wenn ich mit ihnen zusammen bin, schaue ich auch nicht auf die Zeit oder auf andere Termine. Es geht dann ausschließlich um die Geschichte und um das Verständnis der Ereignisse, die damals geschehen sind. Im Jahr 2015 besuchte ich Schottland auf Initiative und Einladung von Interfaith Scotland und sprach vor Tausenden Menschen während der National Holocaust Memorial-Woche. Die Premierministerin von Schottland, Nicola Sturgeon, sprach auf dieser Veranstaltung, und ich bin ihr für ihre freundlichen Worte zu meiner Person und zu meinem Buch sehr dankbar.

Eine Geschichte mehrmals am Tag – jeden Tag – wiederzugeben, kann sehr anstrengend sein. Manchmal spreche ich über anderthalb Stunden zu jeder geführten Gruppe, um ihnen mein ganzes Wissen zu vermitteln. Je öfter ich das tue, desto besser lerne ich die Menschen kennen, die mir zuhören. Ich kann immer besser erkennen, ob sie interessiert sind oder eben nicht. In dem Moment, in dem ich zu sprechen anfange, glaube ich zu wissen, mit wem ich es zu tun habe, und ob es sinnvoll ist, ihnen alles zu erzählen.

Nur eine sehr kleine Anzahl von Bosniaken ist nach dem Genozid wieder nach Srebrenica zurückgekehrt; die meisten sind über ganz Bosnien beziehungsweise die ganze Welt verstreut. Sie können wegen ihrer schrecklichen Erinnerungen nicht mehr nach Srebrenica zurückkehren, aber auch wegen des Umstands, dass Srebrenica nach der Unterzeichnung des Daytoner Friedensabkommens zur Republik Serbische Krajina als einem autonomen Teil Bosnien und Herzegowinas gehört.

Jene, die zurückgekommen sind, sind meiner Meinung nach wahre Helden. Sie haben die Kraft und Überwindung gefunden, um zurückzukehren. Das gilt insbesondere für die Mütter, die nach ihren Familien suchen, viele ohne ihre Ehemänner, Brüder oder Söhne – das sind meine persönlichen Helden und Heldinnen. Diese Rückkehrer müssen nun darum kämpfen, in Srebrenica von den neuen Behörden anerkannt zu werden, und sie müssen mit den alltäglichen Herausforderungen klarkommen. Es ist die einzige Stadt, in der ich sofort an ethnische Grenzziehungen denke, wenn ich merke, dass die Serben ihren eigenen Geschäften nachgehen, genau wie die Bosniaken. Die Menschen gehen in verschiedene Cafés, haben unterschiedliche Narrative über den Krieg – im Grunde genommen gibt es unzählige unsichtbare Trennlinien. Ich hoffe innig, dass sich das eines Tages ändern wird und dass es dann einen richtigen und gerechten Frieden geben wird.

Kapitel 14

Und sie behaupten, es wäre nie passiert

Die meisten Rückkehrer in Srebrenica sind Angehörige von Opfern des Genozids, die nach Wahrheit und Gerechtigkeit suchen. Ihre serbischen Nachbarn behaupten, wenn sie nach dem Genozid befragt werden, dass dieser »nie passiert ist und die Muslime sich das ausgedacht haben«.

Und immer werde ich daran erinnert, was mit meinem Zwillingsbruder und meinem Vater geschehen ist – und all den anderen, die mit ihnen gestorben sind. Inzwischen kenne ich die Wahrheit darüber. Im Jahr 2003 wurde mein Vater begraben. Ich fuhr damals mit meiner Freundin und Mutter in einem Bus nach Bratunac. Die Polizei vor Ort teilte uns mit, dass wir wegen eines angeblichen Staus in Potočari, wo das Begräbnis stattfinden sollte, aus dem Bus aussteigen müssten. Wir gingen also zu Fuß ins Zentrum von Bratunac, wo eine größere Gruppe aufgebrachter lokaler Serben auf uns wartete, uns anschrie und beschimpfte. Ich wünschte mir an diesem Tag lediglich ein würdevolles Begräbnis für meinen Vater, der im Genozid umgebracht wurde, doch diese wütenden Menschen machten uns den Tag zur Hölle. Schließlich erreichten wir die Grabstätte in Potočari, wo wir an einer Trauerfeier zum Genozid von Srebrenica teilnahmen, in deren Verlauf auch mein Vater beerdigt wurde.

Im Jahr 2005 wurde schließlich auch mein Bruder beerdigt, und ich brauchte Monate, um mich darauf vorzubereiten – ich glaubte, selbst sterben zu müssen. An dem Tag zitterte ich, und mein Herz raste wie wild. Ich setzte meinen Zwillingsbruder eigenhändig bei und sprach dabei ein Gebet.

Nun lebe ich hier in Srebrenica. Aber jedes Mal, wenn ich die Straßen entlang spaziere, jedes Mal, wenn ich um eine Ecke komme, in ein Gebäude hineingehe, jedes Haus und jeder Baum erinnert mich an jene, die ich liebte und um die ich mich gesorgt habe.

Sogar wenn ich nicht in Srebrenica bin, sind meine Gedanken dort. Ich denke an das, was passiert ist. Ich denke an meinen Vater und meinen Zwillingsbruder und was ihnen zugestoßen ist, wie und wo sie umgebracht wurden. Ich denke an all meine Freunde, die umgebracht wurden, nur weil sie einen anderen Vornamen hatten.

Wenn ich durch die Straßen von Srebrenica spaziere, ist mein Kopf voller Bilder und Erinnerungen. Erinnerungen, in denen mein Vater völlig erschöpft vom Verteidigungsposten Kragljivoda nach Hause zurückkehrt, mit bleichem, besorgtem Gesicht. Er schaut mich mit einem Lächeln an, als wollte er sagen: Ich bin doch immer noch hier.

Ich sehe meinen Zwillingsbruder, wie er laut mit seinem Freund über Musik und Mädchen redet. Sie sehen mich an und grüßen mich. Sie rufen mir zu: »Hey, es ist Huseins Zwillingsbruder.«

Ich spaziere die Straße hinunter, und ich erblicke Samirs Haus. Ich sehe ihn, wie er mit Dževad über die Beatles und ihre Musik redet, jetzt sehen sie mich auch und rufen mir zu, ich solle zu ihnen kommen. Ich spaziere zu dem Haus, in dem ich damals wohnte, ich sehe die Zwillinge Sead und Suad Schach spielen, sie bitten mich hinein, wollen, dass ich mitspiele.

Dann kehrt mein Verstand wieder zurück in die Wirklichkeit, und ich realisiere, dass meine Freunde nicht mehr da sind. Statt ihrer sind neue Menschen da draußen, die ich nicht kenne.

Meine abschweifenden Gedanken kehren wieder zurück in die Wirklichkeit. Srebrenica ist nicht mehr so wie früher. Und ich begreife, dass jene Menschen, die mir jeden Tag so sehr fehlen, lediglich in meiner Vorstellung existieren – und mit jedem Tag vermisse ich sie nur noch mehr.